…Iwata-San…

岩田聰

從天才程式設計師到遊戲公司社長，
任天堂中興之主傳奇的一生。

如是說

Hobo Nikkan Itoi Shinbun／編著
曾瀞玉、高詹燦／譯

前言

本書是從《HOBO NIKKAN ITOI SHINBUN（ほぼ日刊イトイ新聞）》網站所刊載的岩田聰先生訪談中，重新編纂而成的。另有部分發言節錄自任天堂網站上的「社長提問」專欄。

岩田先生是一位在媒體面前幾乎從不談論自己的人。若是為了公司和專案，基於判斷，如果「由我出面是最合理的」，他會回應遞到眼前的麥克風，但是言談之中，僅將自己的事擺在次要。

不過，就如多數人所知道的，岩田先生是一位非常誠實、一路走來始終如一的人。他曾經代表公司或開發商立場，於各種場合發表言論，若將這些言論集結起來，便彷彿多個圓圈的交會處，疊合出別的顏色般，自然而然地浮現出「岩田先生本人的話」。

本書便是將這些「岩田先生的話」由多篇報導中揀選而出，編纂成冊。

二〇一五年七月十一日，岩田聰先生與世長辭。

他在HAL研究所以程式設計師的身分孕育出無數遊戲傑作，並在擔任任天堂社長後，將任天堂DS、Wii等遊戲主機送到全世界玩家的面前，對「擴大遊戲人口」做出相當大的貢獻，在聽到這位優秀人物的死訊時，全世界有許多人痛徹心扉。

我們《HOBO NIKKAN ITOI SHINBUN》從一九九八年創刊時便有幸得到岩田先生的相助。由於負責人糸井重里與岩田先生之間深厚的交情，岩田先生每有機會便會造訪我們的辦公室，只要時間許可就會和糸井重里暢所欲言。岩田先生總是欣然應允在我們企劃的各篇報導中登場，也會時不時地主動帶來他的一些企劃。

所以，當岩田先生驟然離世，我們也和全世界的電動玩家一樣徬徨混亂，彷彿內心少了什麼。

時光荏苒，當傷痛終於稍微癒合，對於岩田先生的存在變得遙遠時，我們深感為岩田先生出版書籍是我們的重大使命。畢竟，我們手邊的岩田先生話語俯拾即是。

要事先聲明的是，本書所收錄的岩田先生話語，幾乎所有內容都還散落在網站上，只要認真閱讀各篇訪談報導就會遇到。但是網站上的文章終究逃不過被新的文字所掩沒的命運，驀然回首時，可能就再也找不到了。

相信必定有一些人想隨手翻讀岩田先生的話，今後勢必也會有更多人想認識岩田先生，並了解他的為人。

聽聞岩田先生於生前時，儘管有需求，但他本人並無意願出版著書。我們強烈地認為現在以及未來，人們會需要這本集結「岩田先生的話」的書，說來也是我們的一廂情願。

即便如此，我們依舊相信岩田先生會認同這本書。岩田先生喜歡在值得信賴的環境下闡述自己的意見，也總是笑瞇瞇地閱讀完成的報導。儘管他可能會說：「可是真的有讓大家花時間出書的價值嗎？」

在出版本書之際，我們有幸得到諸多人士的協助。任天堂株式會社的各位、宮本茂先生、岩田先生的前祕書脇元令子小姐、以及岩田先生的夫人與家人們，感謝你們每一位同意讓我們彙整成書。

岩田先生。我們總是不自覺地想呼喚這個名字。總有種感覺，彷彿岩田先生仍然會笑容滿面地在下一秒鐘開門走進我們的辦公室。再也不能聽到岩田先生說出新的名言，實乃一大遺憾。

書中所收錄的話語裡，也融入了岩田先生的思想與哲學。這樣的內容至今依然為我們帶來勇氣，並實實在在地為我們指引出前行的道路。

願岩田先生的話語，能長長久久地、被許多人所看見。

HOBO NIKKAN ITOI SHINBUN

二〇一九年七月

目次

第五章 岩田先生所追求的遊戲。

第六章 別人口中的岩田先生。

宮本茂口中的岩田先生

「我們之間不是上司和下屬，是朋友。」

因為我們擅長的領域不同。

為新事物命名。

就算不一樣也不會對立。

一同製作的《寶可夢隨樂拍》。

書與會議與服務精神。

「可視化」與全體面談。

真實的岩田先生。

糸井重里口中的岩田先生

「他是一個想帶給所有人快樂的人。」

見越多次面就越信賴這個人。
首先改善了眾人的工作環境。
在任何場合都是扮演小弟的角色。
聊個不停。真是開心。
生病時也不改作風的岩田先生。
以增加「快樂」為志向。

第一章

岩田先生

成為社長以前。

高中時代，邂逅可以編寫程式的計算機。

念高中時，那還是連「個人電腦」這個詞彙都尚未出現的時代，我初次接觸到「可以編寫程式的計算機」這樣的東西。我在上課時用它編了個小遊戲，和鄰座的朋友玩得不亦樂乎，現在想來，那或許就是我與遊戲和程式設計的邂逅。

那台計算機是由惠普公司所製造，據說在阿波羅—聯盟測試計劃中，太空人就是帶著它飛上宇宙，用來計算天線角度。在當時這還是十分昂貴的東西，我靠著打工洗盤子存了一半的錢，剩下的一半則由父親出資，將它買下。

我深深沉迷於那台計算機。當時自然沒有什麼相關的專業書籍，也不會有任何人教導我，總之我就自己一個人埋頭鑽研，在反覆不斷的嘗試與錯誤當中，逐漸了解這台機器「原來可以做到這些和那些事」。

現在想想，那台計算機相當特殊，上面並沒有「＝」鍵。假如我想計算１加２，就要先按下「１」，再按下「ＥＮＴＥＲ」鍵。

接著按「2」，最後再按下「+」。有點像日文把動詞放後面的語序：「將1和2加起來，將3和4相乘，再將12減去，等於多少？」用這樣的順序來輸入。可是因為它沒有「=」鍵，這就足夠讓一般人退避三舍了。不過對於當時的我來說，去練習使用這樣的東西真是樂趣無窮。

我曾經就這樣拼拼湊湊出一個遊戲，寄給日本惠普公司的代理商。據說對方當時大為震撼，驚嘆「札幌出了個不得了的高中生啊！」放到現在來說，這種震驚程度，大概就像任天堂收到了一位高中生製作的完成度超高、可以直接上架銷售的商品一樣吧。但是在當時，我完全沒有意識到自己做的事代表的價值（笑）。

而在我迷上那台計算機約莫兩年後，市面上就出現了蘋果電腦這種機器。

由於有過前段經歷，在接觸了初期的電腦後，我立刻打消了對於電腦的種種不切實際幻想。我認識到電腦並非萬能的夢幻機器。用另一個說法來說，就是我在高中時期，姑且算是對電腦的擅長與不擅長事項有了正確的認識。

另外，那位覺得我做出的計算機遊戲不錯的朋友，這麼巧就坐在我的隔壁，這件事對我來說也意義重大。

他這個人挺有意思的……怎麼說呢，因為他對我做的遊戲十分捧場，他是我的頭一位顧客，第一號用戶。

我想，人果然還是需要得到他人的讚賞。在做出一點成績之後，有人因此而高興，才有動力攀爬上更高的枝頭。所以，我覺得在高中時代遇到他，對我的人生產生了十足正面的影響。

大學時代，在電腦賣場遇到的同好。

當我就讀大學一年級時，也就是一九七八年，池袋的西武百貨店開設了一個電腦專櫃，那大概是日本第一個常設電腦專櫃，我每週末都會去那裡光顧。

那時期的電腦賣場人滿為患，許多人從早到晚坐在電腦前寫程式。因為當時普通人是買不起電腦的。

我用收到的升學祝賀金、自己的存款，再加上貸款，終於得到了一台屬於自己的電腦——康懋達公司的「ＰＥＴ」機。

他們家的電腦賣場便位於池袋西武百貨店，我就把自己寫的程式直接拿過去。

那位陪我一起玩自製遊戲的高中朋友因為就讀另一間大學，所以當時的我單槍匹馬，形單影隻。

我想，那大概是一種想把自己製作的東西「展示給別人看」的心態。只要去池袋的西武百貨店，就能找到許多與我志趣相投的人，可以看看我的作品。

而我就在那個賣場有了幾段重要的邂逅。首先，我在那裡遇見了一位對日後的我影響最為深遠的程式設計名人。

那一天他在賣場用電腦寫程式，不過寫出來的程式卻一直無法順利啟動，並為此困惑不已。在他身後一直觀望的我卻看出了問題所在。

「會不會把那邊改一下就好了？」

「啊，真的耶。」

那次的機緣使我們成為好朋友。他當時念大二，而我則是大一的學生。

在那個賣場分享使用同一台電腦的人，會自然而然地形成一種類似用戶群體般的小圈子。我和賣場的店員也逐漸熟稔，在我升大三的時候，那名店員自己成立了一家公司，名字叫做ＨＡＬ研究所。

「我要開一間公司，你要不要來打工？」在他的邀請下，我開始在他那邊寫程式，因為這份工作實在太有趣，所以最後我就留在公司不走了。

可以說，ＨＡＬ研究所是一間「歪打正著撿到一群能力堪比專家的打工仔」的公司。

我把四年大學讀完，領到了畢業證書。不過我在大學裡大概不是一個優秀的學生。因為比起念書，在ＨＡＬ研究所打工更加有趣（笑）。

大學的課程教授了電腦的基礎，在這層意義上，我仍然有所收穫，我也很慶幸自己考上了大學。不過後來工作中實際上最受用的那些知識，幾乎都是我自己在實踐中學到的。

ＨＡＬ研究所的黎明期與紅白機上市。

前腳剛踏出大學，後腳我便直接從兼職轉為正式員工，加入了ＨＡＬ研究所。因為我和這份工作一拍即合，或者應該說，在那裡做的事情實在太好玩了。

ＨＡＬ研究所是個小公司，所以我年紀輕輕就有機會做各種決定。在「開發」

這塊領域，公司裡沒有任何前輩，我就是開發組的第一號員工。因此開發相關的大小事全都必須由我判斷，沒有任何人可以商量。

緊接著，在這裡又遇上了另一個命運的安排——在我成為正式員工後的隔年，任天堂發售了紅白機（家用遊戲機）。

我從打工時期就一直在開發能用電腦玩的遊戲，然而很顯然的，紅白機這種硬體，在製作遊戲上擁有「不同於以往的創新優勢」。

在當時，比起一台要價十萬日圓的電腦，一萬五千日圓的紅白機在遊戲玩家中擁有壓倒性的優勢。我意識到這台機器將會改變世界，同時也萌生了「無論如何都想參與其中」的念頭。

投資HAL研究所的其中一間公司剛好與任天堂有生意往來，我便拜託那間公司的人牽線，為我引薦。然後帶著「一定要做紅白機遊戲」的滿心期盼，隻身前往京都的任天堂。

那時我才二十出頭。身上雖穿著西裝，卻明顯一副彆扭生疏的樣子。這種毛頭小子突然跑來要求「請給我工作」……現在想想真是獅子大開口，而對方也是真敢答應啊（笑）。

我接下的是遊戲軟體的程式設計工作。這也是我和任天堂最初的合作。紅白機在初期發售的《彈珠檯》和《高爾夫》，就是我和HAL研究所的人共同開發的。

紅白機的軟體做起來，總歸一句話，非常有趣，畢竟自己做出來的東西會在全世界各地創造龐大銷量。不過由於我們簽的是委外合約，因此它的暢銷和我們賺不賺錢並不能畫上等號，但是自己製作的東西「被大眾熟知」，還是令人欣喜。曾經只有鄰座友人知曉的東西，如今已遍及了全世界，讓我的心情無比痛快。

紅白機上市不久後我們就和它搭上線，從結果上來看，我們參與了任天堂這台遊戲機飛躍成長的過程。HAL研究所也由一個只有五名員工的小公司，在十年內擴增至約莫九十人。

我的職位也變成類似於開發組的負責人，名片上原本莫名其妙地掛著課長，最終就成了開發部長。

如今回首當時我們所開發的遊戲，都是那種「有企劃，但苦於沒人會做」的項目。而我們也因此收穫了一些聲譽，應該是在技術方面得到了肯定，才有了下一個工作機會。

接任社長與十五億日圓債務。

在我三十二歲那年，ＨＡＬ研究所陷入了經營危機。而我在三十三歲時成為了公司的社長，但是從當時的公司處境來看，完全不是一件可喜可賀的事情。

我成為社長的原因，簡明扼要地說，應該就是沒有其他合適的人選了。而我決意承擔此重任的理由，並非是出於自己的喜惡，而是因為「這件事由自己來做最合理」，總是這樣的想法驅使我當機立斷。

廣義上而言，公司當時算是已破產，我這個社長的起點，是從公司負債十五億日圓開始的。我每年繳兩億五千萬日圓，最終歷時六年，還清了這十五億的債務。當然在這期間內，公司也需要運轉資金，所以我是蠟燭兩頭燒，一邊發員工薪水維持公司運轉，一邊償還債務。

儘管最後還清了這些錢，可終歸是欠了債，當時給許多人添了麻煩，所以也不是什麼可以拿來自豪的事。

不過，這確實是一段難得的經歷。背負如此巨額的債務，算是處於某種極限狀態。在極限的壓迫下，可以真正看清許多的事，像是「對人的態度」。

舉個例子，社長走馬上任後，不是要去往來的銀行打招呼嗎？一個三十多歲的毛頭小子，到銀行大言不慚地說「我是新社長，一定會努力還債」。有的銀行聽了之後，鼓勵我叫我加油，也有的銀行態度十分強硬，說「不還錢我們會很困擾！」

有趣的是，當時接觸的銀行中，態度愈是高傲的，之後就愈快改名換了頭家。看來他們當時的狀況也相當緊迫。

這種令我頭疼的待人接物態度，不僅限於公司外部的人。

公司陷入經營危機後，我接任社長並決心重振旗鼓。由於當時大家都認同我是開發部門中能力最強的人，因此還算是信任我、願意聽從我的領導。不過另一方面，公司已經失去了員工的信任。應該說，陷入經營危機的公司，在員工眼裡本就不值得信賴。「我們聽從公司的指示做事，最後就是這個結果？」會這麼想也是無可厚非。

因此我走馬上任後，花了約莫一個月時間，一個接著一個地和員工談話。就是在那時有了許多新發現。

原以為自己已經站在對方的角度來思考，然而實際上與每個員工直接交流後，才發現自己先前有多麼疏忽大意。當時我的原意是想看清公司的強項和弱勢所在，因為我必須先弄清楚所有的狀況，才能以社長的身分來下決策。

譬如以寫程式來說，優劣的判斷標準就是寫得是否簡潔、迅速。作為公司的最高決策者，我試著透過與員工的一對一面談，來幫助我制訂出這樣一個衡量標準。然而我收到的各方意見卻遠超乎我所想。

我發現所謂的經營管理並沒有那麼單純，追求短期迅速獲利未必就是最正確的路。因此從公司陷入某種極限狀態的那個瞬間起，我就開始思索「最好的做法」。

大概就是在那段面談的日子裡，我明白了一個道理。「做決策，就是收集、分析情報，決定事務的優先度」。我得出的解答是：「依照訂立的優先順序推行即可」。

遵循這樣的原則做了幾項決策後，一切開始慢慢步上軌道，我思忖著，這種思維邏輯必定是萬物皆可適用的真理，也讓我對自己的社長身分有了自信。

現在的我，有一雙比那時看得更通透的眼睛。也因為如此，現在我更能夠理解那個三十三歲的自己，做出了多麼艱難的挑戰。

半年一次的全體員工面談。

公司情況嚴峻時，一直是負債經營，持續處於一種「一個禮拜後沒做出來就完蛋了」的緊迫狀態。但是破產過一次之後，反而確保了完整的時間，能夠做一些之前做不到的事情。

這「之前做不到的事情」，對我來說就是和大家交流，與員工的個別面談。面談甫實施便帶給我許多重大發現，我才留意到許多應高度優先處理的事卻被忽略了。因此，即使在公司重建、再度忙碌起來之後，我也堅持不願犧牲與每位員工的談話時間。

擔任ＨＡＬ研究所社長的期間，我安排自己每半年和所有員工談話一次。人最多的時候有八十至九十人左右，每個人少則二十分鐘，多則長達三小時。面談持續實施了六、七年。

最開始與全體員工談話時，「面談後才意識到的事情」多如牛毛。即使是那些我以為平時都有良性交流的人，也會有在單獨面談時才初次吐露的心聲。用一種較奇怪的說法，我算是重新體認到——原來把人倒過來拍兩下，才會掉出這麼多心裡話。

在與人交流上，我的想法算是比較偏向「別人被動點也無妨，由我創造機會，主動敲門就行了」。假如公司裡都是像我這樣的人，想必也不需要什麼面談，因為都能在必要的時機告訴對方必要的訊息。不過，並非所有人都是這樣的性格。

要說我自己希望在什麼樣的公司做事，我的答案是「老闆能理解員工的公司」以及「老闆認真為員工的幸福考慮的公司」。

而且我認為「每個人都與眾不同，且想法會不斷改變」。當然始終不變的也大有人在，可倘若自己的上司無法理解「人是會變的」這層道理，那麼我絕對不想在他手下工作。

當自己的想法有所轉變時，我希望老闆能夠理解並接納這種改變。所以我自己身為老闆，也希望隨時掌握員工的想法。這就是我展開員工面談的動機。儘管不容易，但我發現自己同樣獲益匪淺。

與全體員工進行面談時，我和每個人聊的主題都不一樣，唯一固定不變的，是我在每場面談的開頭都會問一個問題：「你現在開心嗎？」

我原本就無意高談闊論闡述什麼「企業理念」。不過在與員工面談的過程中，我開始思忖「所謂的公司，是擁有共同目標的人們各司其職、齊心協力完成目標的地方，因此最好先制定共同的目標」。

於是我便主張，將ＨＡＬ研究所的目標制定為「讓遊戲為製造者（我們）與玩家（顧客）帶來歡樂」。

宣布了這個目標之後，「你現在開心嗎？」這個問題也變得合理多了。至於大家的答案……就，包羅萬象囉（笑）。

我認為，如果雙方沒有互相理解與共鳴，這個面談本身就失去了意義。所以若對方有所不滿，我也會問個清楚。但在傾聽的過程中，我也會適時表達自己的看法，直言不諱。

當一個心有不滿的人心中累積愈多憤懣，就愈需要先引導他說出來，否則不管別人說什麼，他都聽不進去。有話想說時卻被對方打斷，還反過來被教訓，當然會有「唉，這個人根本不會理解我」的感受。

所以我會讓對方有話直言，等說完想說的，就能聽進去一些別人的話。人就是這樣。

一個人會怎麼判斷要不要接受對方的意見呢？我認為完全取決於他感受到的是「對方只為了自己的利益而說」，還是「打從心底為大局著想才說」。

所以我認為，在經營管理上的一項要務，就是如何最大程度地消除自己的利己私心。

對於公司內的夥伴，我並不會有利益得失的想法。當然，這並不是說我完全從未與人談判，「無須交涉」可不是我做生意的態度。不過對於在同一間公司裡、朝著同一個目標的夥伴，就沒有那種必要了吧？

大家都想對自己的工作抱持認同感。但是公司在作各項決策時，絕大部分的情況下，一般員工之所以不了解為何要做這些決策。單純只是因為他們沒有得到資訊。

「社長為什麼要那樣說？」滿頭問號的員工太多了。

在和每個人的談話中，我逐漸明白一些內情，像是「員工並不了解我作出某個決策的背後原因」，或是「我說的話被曲解後讓員工心有不滿」。這時我就會盡量解釋——當然並非口無遮攔，百無禁忌——我為什麼要那樣說、又是基於何事做出那樣的決策。

這種做法，其實等於是在問對方「若是如此這般的背景條件，換作是你，你有什麼看法？」如果對方回答「我也會那麼做」，豈不是令人安心多了？當明白自己與對方擁有相同價值觀時，雙方都會幸福。

如果對方無法與我產生共鳴，或者誤會我的意思，我認為其中存在著幾個既定因素。幾個這樣的因素組合在一起，會造成人們反目、憎惡、悲傷、不幸……這種時候通常是有複數因素在錯綜糾結，將這些結解開、逐一排除那些原因後，也就豁然開朗了。

要說我對一個員工的面談所花的時間，其實是端看對方「何時豁然開朗」。算是某種意義上的「做到成功為止」，也是我做事的大前提。

我認為大家之所以信任我，很大一個要素是我多年來堅持與員工面談。這種事僅靠一時興起是無法長久維持的，其中的辛苦，大家也都看在眼裡。

逃避的話，我會後悔一輩子。

無論是對顧客，還是對委託我們業務的其他間公司，我自認總是給出了超乎對方期待的成果。

在ＨＡＬ研究所陷入經營困境時，那些多次發案給我們的公司負責人對我說：

「只要力所能及，我們都願意幫忙。」事實上，當時沒有一間公司終止與我們的合約。

現在想想，在我面臨困境時，他們的信任對我而言是莫大的救贖。一般人碰到這種公司危急的狀況，都會覺得「不能把工作交給信譽受損的公司」，可我們並沒有遭受到這種對待。

當公司經營困頓，背負了十幾億的債務時，最初是有「逃避」這條路可選的。但是我首先劃去了這個選項。

「逃避的話，我會後悔一輩子。」

我想這是我做出最終決定的唯一理由。

如果從理科角度來計算期待值，再考量利益得失，萬萬不會存在「背負十幾億債務」這個選項。所以「不逃避」的這個決定，我也不知道是出於美學還是道德倫理，反正就是那類的範疇。我怎麼能扔下一起揮汗打拚的夥伴，自己一個人逃走？這就是影響我決定的最大因素。

我也很感謝我的妻子。對於我接下背負巨額債務公司的社長一職，她從來沒有苛責過我。

當時社會大眾的輿論壓力想必並不好受，而身為與我一起生活的伴侶，她也要背負極大的風險。按理說，就算她抱怨「為什麼你偏要那樣做」也是合乎情理，但是她卻緘口不言。關於這一點，我真的十分感激。

成為社長後，我依然擔任開發部門的負責人。因為在我思索「這個公司的強項是什麼」後，立刻就明白唯有以開發部門為軸心來重建公司，除此以外無路可走。可以說，我僅在腦海中想了十秒就得出了這個答案。

那時我就決定永遠將自己放在最繁忙的位置上。公司裡有許多團隊，繁忙的巔峰期各異，我則看哪個團隊最忙碌，就去哪個團隊幫忙。

我會這麼做，首先是因為我認為當時的內部開發人員中，我是最具備「發現、分析、解決當前問題能力」的人。

把我自己放在最不容易的位置，從公司生產效率角度來看是最合理的考量，與此同時，為了讓公司的員工們認同「岩田有能力做決策」，最好的方式就是讓他們實際看到我親身解決問題。要讓別人心悅誠服地「接受那個人的決定」，沒有比這更好的辦法。

我就是這樣站在開發部門的頂端，俯瞰公司的整體狀況。尤其在那個時代，遊戲是一種安打率很高的商品，只要用心製作就會熱銷，我站在開發工作的最前線，從各方面來說都算是押對了寶。那是超級任天堂的全盛時期。

令公司起死回生的重大契機，是《星之卡比》。

最初我們原本打算在Game Boy平台上，推出一款叫做《叮噹波波（ティンクルぽぽ）》的遊戲軟體，但是宮本茂先生表示「這樣有點可惜了」，於是便暫停發售計劃，重新調整後，以任天堂發售的《星之卡比》之姿重獲新生。

當時《叮噹波波》已經打了廣告，也開始接受商品預購。我記得當時的預購數量是兩萬六千套。中止發售的時候，想當然耳，在公司內部引發了激烈的爭論。尤其這可說是讓銷售部門的顏面蕩然無存。

然而《星之卡比》Game Boy版最終賣出了五百萬套以上的好成績。單純計算的話，相當於賣出了當初預購數的整整兩百倍。

如果那時候開發沒有喊卡，當然也就不會有如今的《卡比》系列了。《卡比》至今為止的全系列，在全世界的累積銷量已超過兩千萬套，如果算上有《卡比》登場的《任天堂明星大亂鬥》系列，累計銷量則遠遠超過三千萬套（二〇〇五年採訪時數據），誠然是我們的一大轉機。

◆岩田先生語錄。其一

小時候我的身體很弱，還有哮喘的毛病，
經歷過轉學，之後還遭到校園霸凌。
那些時期讓我充分明白身為弱者的感受。
剛好我最初進入的公司也是個小企業，
相較大公司來說也屬弱勢。
我十分慶幸自己有過這種處於弱者的經歷。
在成為任天堂社長這樣一個「不算弱的身分」後，
我也絕對無法捨棄那些時刻經歷過的事，
並且，我也沒有半點過去受過磨難，
如今已揚眉吐氣的感覺。

擔任ＨＡＬ研究所的社長時，
我一直由衷地想，
如果有人比我更適合當社長，我隨時都想交棒給他。

由於我本身具有開發者背景，
因此或許比一般的經營者更能瞭解開發人員的心思。

如果一個社長說，
我要大肆改革，請給我五年時間，這段期間公司都無法獲利，
這個社長肯定會被趕下台。
所以，我需要每年交出一定水準的利潤，同時作出變革。
說穿了，就像是一邊飛行一邊修理飛機一樣。

回首自己的過往，
我也說不清楚，
是因為自己不是普通人，所以選擇了特殊的道路；
還是因為選擇了特殊的道路，才造就了這樣的自己。
但是我有一種感覺，
起碼我至今為止待過的環境，
應該都是非常適合我的。

從前我寫程式做遊戲，
現在我打造新硬體和平台，
這兩個時期相比之下，需要思考的事情，無論質與量都是天差地別，
但是我對於這兩者抱持的基本體認和態度卻並無多大改變。
我現在已經不再有時間像過去那樣寫程式，
所以並沒有親自參與遊戲的程式設計，
但我很清楚地把自己定位成一名開發人員。

我們擅長做什麼？不擅長做什麼？
仔細看清這些問題，
引導組織發揮優勢，揚長避短，
我認為這就是經營。

第二章

岩田先生

的領導力。

我們擅長做什麼。

世界上的事，「最好去做的事」絕對比「能做到的事」多上太多。如果要無一遺漏地完成所有「最好去做的事」，肯定所有人都會支撐不住。

所以必得要先有自覺，知道我們所擅長的部分，辨別「哪件事應該優先於哪件事」，為事情排出先後順序。我認為這就是經營。

那麼，什麼樣的事叫做「擅長的事情」呢？我是這樣想的——

明明工作時都傾注了同樣的心力，神奇的是，有些時候對方龍心大悅，有些時候則不見得有多高興。而捫心自問，我們花費的時間與努力分明沒有太大差別。即使同樣付出了一百的努力，怎麼這件工作的客戶滿意度是一百，那件工作的客戶滿意度卻是五百。總是難免有類似的情況。

更簡單來說，工作有時讓人做得萬分艱難，有時則不盡然。工作畢竟是工作，當然會夾雜些不輕鬆的部分，應該說世上沒有不辛苦的工作。如果付出的辛勞無法得到顧客同等的正面回應，更是備感艱辛。而當得到的肯定超過了所付出的辛勞，我感覺員工也愈發精神抖擻、成長進步。一旦情況反過來，陷入惡性循環，眼看著員工逐漸變得萎靡不振，我就會決定「是時候進行員工面談了」。

換言之，如果沒覺得自己做起來特別辛苦，卻出奇地獲得了好評，這種時候即使放著不去管，也能持續交出好成績，進入良性循環，愈做愈起勁，這就是我們「擅長的事情」；如果沒能締造這種狀態的話，則是不擅長的事。我大致上是這樣進行判斷的。

基本上，人們會拿自己擅長的事情與其他人不擅長的事情來做比較，然後抱怨「自己沒得到正確評價，不公平」。以我自己來說，有時也會無意識地陷入這樣的邏輯當中。

我個人有個理論：生物本能的最終目的不就是繁衍後代嗎？為了繁衍子孫後代而必須做的事，就是展現自己「某方面比其他個體更加優秀」。於是最終，更擅長表現自己「比其他個體優秀」的個體ＤＮＡ繁衍留存至今，不擅長表現自己的個體ＤＮＡ則會在進化過程中逐漸消亡。

所以，我認為所有生物必然具有表現自己長處的天性，這是自然演化而來。在公司這樣的組織裡，也往往不自覺地只顧自己方便，拿自己擅長的事來對比別人不擅長的事。

因此反過來說，在思考一件牽涉到公司整體的事時，必須全體上下達成共識，訂立思考的角度、確立比較與評價的主軸，否則立刻就要有人喊「不公平」了。

其實呢，貌似會非常辛苦的事最好別做。因為這代表那件事不適合自己。話雖如此，有些事情還是「必須忍耐」的。如果每個人都開始主張「討厭什麼就不做什麼」，天下就要大亂了。

也就是說，即便一間公司旨在成為「發揮個人所長的集團」，當與人相處、共事時，基本上還是有一些事情——無論他們擅不擅長——是最低限度必須做的，有了這先決條件，大家才能一起工作。我認為一個經營者該做的事，就是盡量將那些「最低限度必須要做的事情」壓到最少。

說到底，公司存在的目的，就是讓形形色色的人們聚集到一處，合力完成無法靠個人力量實現的遠大目標。

找到瓶頸所在。

電腦技術的飛速發展，是因為它經過了無數次的嘗試錯誤（trial and error）。譬如製造硬體設備時，若是要修改生產模具，即便只是嘗試改個幾種，也得耗費許多時間。不過若換成電腦軟體，「瑪利歐的跳躍高度要如何調整，才能擁有最佳的遊玩體驗？」這種問題一天之內就可以測試好幾次。

現實中沒有所謂的完美無缺，只能不斷地嘗試錯誤。重複一次比一次更好的過程，逐漸趨近完善。

還有，當多人分頭處理工作的時候，有些工作能夠明確分配，有些卻不能。好比模擬氣象，雖然程序複雜，但是只要將各要素分開以不同的處理器並行運算，便可加速處理速度；假如一件工作的各項要素之間會互相影響，這類工作就無法如此分頭並進。

每項工作——其實世間萬事皆是如此——路上必定會有一處最狹窄、難以通過的「瓶頸」，關係到整體的生死成敗。反之，若是想對整體開刀，勢必得先找到瓶頸所在，優先解決。即便將其他大路修整得再平順，過不了最窄的那處瓶頸，整體便不會有絲毫改變。

我一直都提醒著自己需充分保有這層意識。這也是我在電腦這塊領域的拿手絕活之一。

比如今天我的需求是「加快程式速度」，則這其中必然存在著一個瓶頸，拖慢了程式的整體運行。

玩程式設計的人經常會這麼調侃。「整體的1％占掉了總處理時間的七到八成。」足見這種卡在同一處反覆打轉的情況有多容易發生。因此若不優先解決卡住的瓶頸，其他地方改再多次都沒有意義。

但我們人就是會不管三七二十一，先動手才安心，往往會將尋找瓶頸一事拋諸腦後，忍不住就和眼前的問題揮汗奮戰起來。這是不對的。應該要想清楚最大的問題在何處，有什麼事情是別人辦不到，只能自己來。

可即便是遵循上述準則行事，所憑據的終究只是假設，有時還有可能是錯誤假設。那也無妨，至少要秉持發現癥結點、思考如何修一處就能改善整體的行動準則，這其實並不是件容易的事。

我想，無論是自己埋頭寫電腦程式，還是與他人合作共事，其實都有許多共通之處，發現這些共通處令我茅塞頓開，明瞭了許多事。我認為這在我「做決策」與「分析難題、摸索解決之道」上，派上了極大用場。

經歷過成功的集團面對變革時的難點。

當一個集團多年以來朝著堅定不變的方向，以同一套思維闖蕩，並一次又一次獲得成功，便可依此說它是一個經歷過成功的集團，對不對？

經歷過成功的集團對於做出改變會有一種恐懼，而我現在最著重留意的，就是一間集團應對各種變化的速度。好比如今各環境都發生了劇烈變化，人們的思想與情報傳遞方式不也大不相同了嗎？

所以我認為不僅僅是我自己，應該也要鼓勵公司裡的其他人，都必須時時對現有的做法存有疑問。「現在覺得不錯的，是否就真的正確？」對周遭事物的變動保持敏銳。

客戶的需求會變，市場環境會變，訊息傳遞方式會變，人們的喜好欲求會變，實際的購買客群會變，賣場也會變。世間萬物從未停下變化的腳步。

話雖如此，我並不認為經歷過成功的集團就應該否定現狀來推行改革。這群人維持現狀是出於善意，且一路走來始終如一，並以這種方式獲得了成功。用否定現狀的方式，是得不到理解與共鳴的。

各個領域的改革，往往習慣從「否定現狀」入手，我想也有許多人十分不樂見這種情況發生。因為當前的「現狀」，當初也是一群人出於善意、付出誠懇與熱情創造出來的。我贊成否定虛偽不實的「現狀」，但是對於那些殷勤做出的成果，我認為萬萬不可去否定。

以任天堂的當前環境來說，我覺得是應該做出改變，但是我並不想從「否定現狀」來著手，也不認為應該這麼做。

倘若一間公司再不插手就要倒閉，且有顯而易見的非改不可之理由，這種時候自然可以否定現狀，大刀闊斧地進行改革，不會有人反對，不過這種極端的情況並不常見。

當然了，現在的任天堂也沒有糟到必須否定現狀的地步。

我十分尊敬任天堂的前任社長山內溥先生，換作是自己，絕不可能像他一樣締造如此偉業。至今我仍對他極為敬佩。

可在另一方面，正是因為他把這項偉業託付給我，許多事情我不得不去做，還必須同時獲得眾人的理解與共鳴，這需要十分精細的操舵。

我現在確實帶領公司作出了許多改變，但這些改變並不是因為我想要否定前人的基業。

我想表達的是，「如果我還在以前那個時代，想必也會採用任天堂目前沿用的這個方式。但是你看，環境已經改變，周圍事物也變了，我們如果還一成不變，會有什麼後果？要選擇逐漸縮小公司規模？還是選擇另一條路，讓將來更多的人因我們創造的東西而得到快樂？」

給人驚喜。

對於我們製作的產品，客人最一開始的反應，別說興致缺缺了，是壓根不感興趣。我們總是由此處起跑。

從這樣的起跑點開始，讓人們愛上我們的產品，或者說，讓接觸到的人笑顏逐開，是我們需要到達的終點，倘若無法拉起兩點中間的這條線，我們就算失敗了。

我不要做那種開場壯闊但後繼無力，先吸引人買單再說的產品。必須要直到半年、一年後，還可以持續推出新的內容，讓玩家讚嘆「哇，不知不覺就玩了這麼久」。唯有如此，我們才算在真正意義上達到了目標。

產品發售之後，還會投入第二波、第三波，這些射出的箭是否能正中靶心？能否獲得顧客的青睞？玩家願意一直玩下去嗎？每一項都必須有肯定的答案，我才會繼續。

相反地，應該說短視近利嗎，如果一直用兩者相比取其利的方式來做抉擇，最終將無可避免地走上投機取巧、草率應付的路。現在任天堂之所以沒有變成這樣，很大一個原因，是我們擁有清楚的目標。

講白了，我們的最終任務就是「給人們驚喜」，這是再明確不過的目標。假若做不到「給人驚喜」這點，便無法開拓新的用戶。

所謂給人驚喜，就是要讓顧客「跌破眼鏡」，這需要無比堅定的決心。譬如當初就有許多人對任天堂ＤＳ遊戲機充滿疑惑。

當我們宣布要製作「雙螢幕加觸控式螢幕的遊戲機」時，大概很多人都覺得「哎呀，任天堂瘋了」。

在我們看來，未來並不在現狀的延長線上，所以基於這項觀點作出了決斷。不過在抱持一般想法的其他人眼裡，恐怕只是件不合常理的事。

面談時最重要的事。

我總是百思不得其解，為什麼大家在面試的時候，都要先問讓人難以回答的問題呢？為什麼不先從容易回答的問題開始呢？

以我的經驗來說，面試官有兩種類型。一種是會先讓對方放鬆，引導他展現自己的真實性格，再依此做篩選；另一種則認為面試者「緊繃著說不出話來」，也算是這個人的一種社交能力，屬於他的實力之一，便直接以表面上看到的給予評價。

我屬於前者。我認為第二種面試官只能看到對方潛力的一小部分。先讓對方表現出真正的自己，才能由此開展。

我在公司內做面談的經驗比常人要多上許多，我認為面談時最重要的一點，是「從對方容易回答的問題開始」。

和第一次見面的員工聊時，我會先問：「當初為什麼會想要進入任天堂？」因為這個問題不會有人答不上來。無論答案是什麼，總歸會有一個理由，而且問的是對方內心的想法，不會是個無法回答的問題。他可以闡述事實，坦誠相告，而我也可以捕捉到他真實面貌的一角。

假如問一些「你對少子高齡化怎麼看？」「請預測一下美國的經濟前景。」之類的問題，也許會讓人啞口無言，這樣就沒有面談的意義了。

除了「為什麼想進入這間公司」以外，我還會問另一個問題——「在你過去的工作經歷中，最有趣的是什麼？最辛苦的又是什麼？」

這也是關乎個人本心的問題，不難回答，最重要的是，可以藉此瞭解這個人。

可以放心責怪他「笨哪！」的人。

剛出社會的新鮮人不懂許多事乃人之常情，所以在他們的身上，「不以無知為恥」的精神格外重要。

一個新人刻意想表現自己很聰明的這點心思，在前輩眼裡全都無所遁形，而且人人都看得出他在假裝，感覺真的很差（笑）。

說到底，公司對一個新人最大的要求就是「不要假裝」，以及盡量不要為同一件事情多次煩擾他人。

還有，不知道為什麼，有些新人明顯特別受教，有些則不然。有些人你可以沒有顧慮地訓斥他「笨哪！」另一些人則要像生怕碰壞了什麼東西一樣，小心翼翼地責備。

這兩種人其實有著懸殊的差距。無論是前輩們給予他們的知識量，還是他們自己能夠吸收的知識量，最終會大大不同。可以被輕易訓斥「笨哪！」的人，能夠在短時間內學到非常多東西。

而且當這種可以讓人放心罵他笨的人進公司的時候，大家都非常歡迎。當然，我的意思並不是說「請大家盡量耍蠢」喔（笑）。

至於是什麼樣的人，能讓人心無罣礙地罵一句「笨哪」？大概是動機和行為均單純無心機，不帶惡意的人吧。我指的並不是被人責罵時有多不屈不撓。再來還有個前提條件，訓斥的一方要讓對方明白「我並不是在否定你的人格」。只有在這種相互信任的關係中，才能沒有顧慮地說出這句「笨哪！」

沒有知識、沒有技術不要緊，只要表現出「我已經準備好接受你的教育」的虛心態度，我們也能直言不諱地指出他哪裡不足，哪裡需要改進，他也更容易學到東西。

相反地，需要捧在手掌心上、深怕他受傷的新人，恐怕會讓周圍的人感到他身上有一層「生人勿近」的防護罩。別人不得不多方顧慮，擔心走得太近是不是會傷害到他。也許一旦明白這個人的「地雷區」是什麼，便可放寬心地罵出「笨哪！」可若是無從判斷，便是人人自危，深怕在不知情的情況下踩到這個人的「雷區」，不敢輕易招惹他。

訓斥他人、教育他人的一方，其實也是如履薄冰，帶著一層恐懼。所以新人願意接受自己的意見與否、展現出的表情態度是否誠懇，也就顯得格外重要。

簡單來說，我們都希望盡量把工作交給「看起來真正想做事的人」。畢竟任何人都不願意把重要的工作交給一臉嫌棄的人啊。

工作終究不容易，也會發生許多不愉快，肯定有需要忍耐的時候。但是，我認為對一個人來說「工作是不是有趣」，取決於「自己可以得到樂趣」的範圍是否夠廣。

凡事取決於想法，工作或許枯燥乏味，然而一旦發覺了「尋找樂趣」的有趣之處，凡事都會逸趣橫生，幾乎無一例外。我想這是相當大的一個分歧點。

專案進展順利的時候。

以我的經驗來說，當一項專案進展順利，絕不會是因為有個理想的領導者預測了所有可能性、完美地分派工作，眾人乖乖照辦而來的。尤其我們的工作是要給人驚喜與感動，很難事先擬理排定計劃，分工各自做事，這也是一個原因。

要說什麼樣的時候專案企劃才能進展順利，是當有人發現並未排定在最初未計劃裡的事項，主動站出來表示願意接手處理的時候。一旦這種勇於表現的人夠多，多半就不用擔心了。反之若沒有出現這種情形，那麼即便走完了整個專案，也總會有種哪裡不太協調的感覺，效果欠佳。

比如我們在製作Wii時的狀態就很理想，很多人都出現「這裡有點問題，我來解決」的行動，應該是硬體開發專案中，有史以來最多人踴躍表現的一次了。當時這個專案，想必就是處於我說的那種理想氛圍中。

另外，從專案的極初期開始，Wii的開發團隊便針對「想把Wii做成怎樣的遊戲機」有過大量討論，所以整體團隊都對「理想目標」擁有充分的共識，這或許也是專案能夠成功的一大要素。

換言之，團隊所有人員需要先對「理想目標」有清楚的概念，其次必須要有人察覺現實層面上的阻礙，或是發現問題隱憂，站出來主動解決。這或許就是最理想的團隊型態。

能否對他人抱持敬意。

工作不可能靠一個人獨立完成，必定會與其他人產生關聯，對吧。所謂的公司，就是將不同個性的人們聚集在一起，來達成一個無法靠個人力量實現的遠大目標。

如果經營者自己什麼都會做，那他一個人包辦全部事情就好了。因為自己最可靠，自己最具有當事人意識，自己最清楚目標何在，倘若全都能夠親力親為，不妨就自己獨攬一切。不過一個人的時間和能量是有上限的，這個極限決定了一切。

所以，在公司上班的人要將自己的分外事交託給工作夥伴們，並做好心理準備接受可能產生的結果。此種結構的規模擴大後，就會產生縱向階層，也會往橫向擴張，最終形成公司組織。

在這樣的組織中與他人產生關聯，要一同完成什麼事時，對於別人——以不同思想和價值觀為行動基準的人們——是否能抱持敬意，我認為是一件非常重要的事情。

首先，有些人顯然與我們意見相左。也許我們會覺得他的想法並不合理。不過話說回來，他也有他的道理、原因、事由和價值觀。而這些人有時也能做到我們做不到的事情，擁有我們沒有的知識。所以，我並不是說要百分之百地接納這個人，只是必須理解「他身上有我沒有的東西，他做的事情是我做不到的」，對此抱持敬意。能否持有這份敬意，會很大程度上影響從工作中感受到的正面情緒和樂趣。

好比我雖然是任天堂公司的社長，可是我既不會畫畫也不會作曲。也許在立場上，我是上司，員工是我的下屬，但可以說，每個員工都是我一竅不通之某個領域的專家。

我對這些人抱持著十二萬分的敬意，我也認為應該如此，一直奉為人生圭臬。

順帶一提，我的這種想法與態度，是在年紀大約三十出頭時，與糸井重里先生相識，從他身上學到的。糸井重里先生比我年長十歲有餘，看見他對於在部分領域比自己厲害的人始終抱持著崇高的敬意以對，我覺得非常帥，也想效法他。

更進一步說，我看得出來糸井先生對於那些在他不懂的領域有所長的人們，是發自內心地感佩，且十分敬重，我從他身上明白，這其實是一件很稀鬆平常的事。

因此，我在說的也不是什麼道德觀念。我要說的是，帶著敬意和在工作中遇到的人相處，能讓自己的工作變得有趣起來。如此而已。

題外話，在我比現在年輕很多的年紀，覺得自己實在忙得焦頭爛額的時候，曾經想過「要是能再來三個自己的分身就好了」。不過現在回頭想想，我才發現這是多麼傲慢、多麼目光短淺的想法啊。

就是因為人人不同，我們才有價值，有存在的意義，為什麼當時我會有那種異想天開的想法呢？現在想來真是羞愧難當。

現在的我曉得每個人都各自擁有不同的強項，我想抱持著這個前提，仔細了解每個人的獨到之處。我一直都覺得，如果能夠用這種方式與人相處，一定能開創出更多可能性。

◆岩田先生語錄。其二

有些時候，人們明明擁有大有可為的才能，
卻總是畫地自限，說「我不擅長這個」。
打個比方來說，
世界上沒有人從一開始就覺得
「自己很懂得經營管理」。
我親眼見證過好幾個原本非常討厭做管理，

口口說說聲「只想專心鑽研製品技術」的人，
後來卻發現「教導他人原來這麼有趣」。
他們只是沒發現自己身上原本就擁有的才能。
當這樣的人遇見伯樂，
能為他們發覺本人未曾察覺的亮點，
便能往意想不到的方向發展，有所建樹。

不管是技術人員還是美術人員，

想必都得有種「我是最棒的」的自信和自負，

才能有用之不竭的精力。

就像寫程式的人也都覺得自己寫得最好。

當這樣的人聚在一起做開發時，

必然會產生衝突。

因為創作本身就是一種自我的展現。

彼此爭相展現自我的人們，

哪有可能不經一番磨合就達到想法一致呢。

每個人都帶著誠意和熱情在做事，

所以都覺得「自己的做法最正確」。

該怎麼做才能將指向四面八方的熱情彙整在一起？

我剛進公司就成了開發部門的負責人，

這在某種意義上，

是一種很棒的管理訓練。

每個人都有其各自的潛力，
盡可能有效地運用每個人身上的潛力，
我覺得對組織是大有幫助的。
反過來說，一個組織裡，
其實有非常多的力量在內部就被消融掉，
或是白白耗費努力在錯誤的方向，
哪怕只是將這些能量導至同一個方向，
都能成為一股十分強勁的對外力量。

即使心裡隱約知道那會有多艱難，
也要帶著「總會有辦法」的前提去做。
領導者便是需要有這樣的心態。
正因為所有事情在「總會有辦法」的大前提下進行，
大家才會覺得「必須來想想辦法」。
我有的時候也會這麼做。
譬如做Wii的時候，
我對工作人員說，想把機子本體做成三張ＤＶＤ盒子的厚度。
我自然明白這有多麼不容易，
但是我裝作不知道的樣子，做就對了。
難肯定是非常難的。
當然了，也不能所有事情都這樣解決。
有時可以說些強人所難的要求，有時則不盡然，
必須張弛有度，寬嚴並濟。
倘若老闆一天到晚強人所難，

組織就要運轉不過來了。

我真真切切地體認到，
訂立目標實在是一件非常重要的事情，
即使是要制定一個沒有前例可循的目標。
如果只是漫無目的地把一個又一個的元素單純疊加，
冗餘的部分將愈來愈多，造成程式的龐大化。
與其如此，若已經擁有明確的想法，
還不如從「想達到的效果」往回推算該怎麼做，
這樣穩步朝著目標前進，才是正確的作法。

社長的「我想要怎樣怎樣」，
果然不是只說一遍，就能讓所有人領會的。
需要反覆耳提面命，
然後在某一天，話中的某個部分從虛無飄渺化為現實，
才會有人意識到「啊，他說的是這個意思」。
一個人、二個人……越來越多人心領神會，
明白任天堂的當前目標，與行動背後的意義，
如此逐漸擴散到整個組織，
才算是與所有人一同分享了對不遠未來的目標藍圖。
所以別無他法，也許我只能不厭其煩地、
一遍又一遍重複說著同樣的話。

一個人聽懂一件事，
和他有沒有足夠明白到能說明給另一個人聽，
完全是兩碼子事。

即便是在自家公司位居龍頭時，
也應時刻警惕市場上的風雲變幻，做出適當的判斷。
我認為市占率第一與非第一時，
領導公司的方式也不會完全相同。
雖不盡相同，
但一旦萌生危機感，都必須轉換路線，
因為時間以飛速在流逝，
動作拖沓就只能等著落於人後。
所以，若我覺得一條路再走下去也不會有未來，
不管當下公司是不是市場霸主，
哪怕有成千上萬的人阻擋，
告訴我「既然已是第一，固守城池不就好了嗎？」
我必然還是會猛然掉轉舵頭，換個航道前行。
只是做法之間勢必還是有所區別的。

任天堂DS遊戲機一鳴驚人；
Wii博得全球性好評，為世界各地的人所接納，
我覺得是我們運氣特別好。
但是有一件事，我可以毫不慚愧地說：
任天堂公司的全體員工都付出了無比的努力，
才讓幸運如約而至。

反之，世界上還有許多事情
是即便做了相同的努力，
卻不受命運女神的眷顧，
始終無法成就些什麼。

越是龐大的組織，
越是要有破釜沉舟的氣勢，
做出「這一次，這個部分決不退讓！」的決定。
因為對一間公司來說，
有無以計數的「最好去做的事」，
如果沒有人訂下一個方針，
眾人的力量將越來越分散。
所以像宮本先生，或是我，
就必須審慎抉擇，看清「當做之事」。

問題在於「跳高」（※即挑戰更遠大的目標）的時機。
倘若天賜良機，便可「孤注一擲」，
可如果未得天時就「跳高」，
八成會摔得形神俱滅。

工作有趣的地方，
在於能遇到會真正動怒的人、
以及真心誠意高興的人。

第三章

岩田先生

的個性。

打破砂鍋問到底。

我會想盡量瞭解一件事的形成原因。非要弄個清楚明白才甘心。像是為什麼會發生這種事情？為什麼這個人會有這樣的言行？為什麼世間長這樣？希望在自己心裡盡可能找到事情的前因後果。

因此當我看到「事實」時，總會設立一個假說，並思索事情的由來。在反覆建立假設與驗證的過程中，漸漸地就容易看得更遠，開始懂得用不同於先前的角度衡量事物。

這也是我在糸井重里先生身上學到的，他三不五時就會神準地預測到將來。我便多次實際見證過糸井先生說過不錯的東西，沒多久便掀起熱潮、風靡市場。

於是我不只一次問過糸井先生：「你怎麼在半年前就知道這個東西會流行呢？」

而他總是回答我：「我並非是在預言。只不過是比其他人更早一些注意到世事變化的端倪。」

聽完這番話後，我便開始思忖如何讓自己也擁有這項本領。於是我養成了反覆建立假設與進行驗證的習慣。皇天不負苦心人，比起當時，對於在別人尚未察覺變化之前便發現徵兆這件事，我長進不少。

另外，比起正確的事，我更喜歡能讓別人開心的事。

在我的價值體系裡，「使周圍的人高興、洋溢著幸福的表情」是排在極高順位的。我甚至有「為此不惜做任何事」的想法。

可另一方面，「正確的事情」真的是很難拿捏分寸。

即便發現了某人做得不對，但若不能用一種可以令他接受、理解，並且能產生共鳴的方式來告訴他，再怎麼正確的事也變得沒有意義。

道理很多人都會講，可也為此才產生了許多衝突。就是由於彼此都是出於善意才會這麼難。因為自己立意良善，就變得理直氣壯。由於一日認同對方就等於否定了自己的價值標準，因此也不會扭轉自己的主張。

而在這種情況之下，這些說大道理的人，並沒有心思去想：「為什麼對方聽不懂我的話呢？」

反過來說，人與人的溝通要能夠成立，應當是其中一方為了得到對方的理解和共鳴，而在某一方面作出了適當的妥協。

發現反饋的能力。

每個人應該都有能持之以恆的時候，也有半途而廢的時候吧。舉個例子，我想每個人或多或少都曾經有過「得學會英文」的念頭。但是有非常高比例的人都在半路受挫。

而我總覺得這裡面就埋藏著線索，可以讓人找到自己或許擅長的事。這其實是我在開發遊戲時的發現。

有些遊戲大家玩一下就不玩了，有些遊戲則讓人在不知不覺間便玩上癮。同樣是費盡心思做出來的遊戲，在無關乎遊戲本質好玩與否的地方，遊戲就分成了玩得下去和玩不下去兩種。這其實和我們能否持續某些習慣非常類似。

它們的共通之處在於，人們首先會傾注精力去做一件事。投入的或許是時間、或許是勞力、或許是金錢。在投擲了時間、勞力、金錢之後，就會得到回應，成為給自己的反饋。

這種時候反饋若大於自己所付出的辛勞與精力，人就會繼續；可若覺得投資報酬率一點也不划算時，就會感到挫折。

這既可以構成一款遊戲「能不能讓人持續玩下去」的條件，也可以用同樣的道理來解釋「學英語會不會半途而廢」這件事。

我覺得，這就和擅長的事情即使放著不管也會進步是一樣的道理。就好比愛畫畫的人，沒有人拜託也會拿起筆來畫，畫好的圖又得到周圍的人稱讚。畫技便在這樣的反覆過程中愈來愈進步。

拿我自己當例子，當以前搞不懂的電腦知識逐漸融會貫通後，就會覺得愈來愈有趣。

若是規劃商品和寫企劃的人，便會觀察社會情勢，不斷創作並推出自己覺得有趣的產品，當這些產品被世人接納時，就會從中感受到快樂，並漸漸上手。當一個人能夠在某方面形成這種循環，這想必就是他的才能。

也就是說，所謂的才能，或許就是這種「發現反饋的能力」。

比起「成功」，我認為「感受成功帶來的樂趣」更是一種才能。說起來，知道怎麼找到反饋，就算得上是打開「尋找反饋迴路」的人。

有時候某些人明明離發現反饋只差一步之遙，可惜並未打開迴路。這時候若能提點他，如「試試這樣想如何？」或是「相信我，再忍耐個三次試試」，或許他便能順利達標。

在察覺到反饋多過於自己付出的當下，人便進入持續的良性循環。一個人若是在自己的人生中，曾想過自己「可能擅長某件事」，必定是已然打開「尋找反饋」的迴路。

而當你打開一條迴路，就能辦到更多的事。我的意思是指，你將能比照這個模式，在這條「反饋迴路」的一旁，找到其他能讓你獲得自我的新事物。

有些過去曾經以為並不擅長的事情，也會開始覺得「其實是一樣的道理嘛」。好比我就經常發現，寫程式和經營公司其實相當類似。

如果無法發現這種關聯性，也就無法發展更多專長。像我在只擁有寫程式這一門長才時，即使去研讀組織、經營的書籍，由於無法相互連結，因此也沒能真正進入腦海。書本身的確帶給我知識，可就算多了這些知識，也談不上什麼成就感。沒有馬上可以現學現用的內容，這樣就毫無「回饋感」了。

勉強學習與自身生活無關的內容，也無法消化吸收。那麼與其把時間浪費在這裡，還不如優先去做其他自己喜歡且擅長的事。

將寫程式的經驗運用到公司經營上。

程式是一種極其純粹的邏輯，哪怕僅僅存在著一項矛盾，整套系統就無法好好運作。

機器本身不會出錯。錯誤全都出在機器之外。所以如果一個系統跑不動，那很明顯是因為人的問題。

但是，所有的程式設計師大概都會在自己寫完程式的瞬間想著「肯定能一次過關」，接著嘗試執行。然而事與願違，一次過關這種事根本不會發生。即便如此，哪怕只有那一瞬間，大家也會認定自己「肯定沒寫錯」，然後胸有成竹地按下執行鍵。

程式是一個只講邏輯的世界。所以如果在哪裡卡住了，原因肯定出在寫程式的人身上。

在人與人的溝通上亦然，我不會因為溝通碰到障礙而責怪對方，而是在自己身上找原因。溝通不良的時候，絕對不怪罪別人。我會要求自己去想：「這個人無法理解我的意思，達不到共識，都是因為我的表達方式不夠好」。

我會有這種想法，肯定要歸功於我當程式設計師的那段日子。畢竟若系統跑不動，唯一的可能就是因為我出錯了（笑）。

所以與人溝通陷入膠著時，不要急著認定對方「無法溝通」，要先懷疑自己有錯。既然碰壁了，自己就必須有所改變。只要去找，一定能夠找到合乎這個人的溝通方式，獲得對方的理解和共鳴。直到現在，遇到無法順利溝通的人時，我仍然會在自己身上尋找原因。我能這麼思考，肯定和我迄今寫的那些程式脫不了關係。

還有許多寫程式的經驗都可適用於公司的經營。比如說，當遇到一個有多層結構的複雜問題，需要加以簡化分解時，程式設計師的經驗就得以好好派上用場了。

分析問題，意味著將事物的各項要素拆解出來，從中假設如何解釋這個問題。程式設計師在遇到問題時，每每會建立各種假設，在腦海中分析比較，於日常中不斷地重複這樣的循環。

因此當面對複雜的問題時，我的腰腿早已鍛鍊得非常強健了。我經歷過的嘗試錯誤之多，堪比日日勤練肌肉，這點自負我還是有的。

只要是合理的，就趁早下定決心。

遇到一個新的問題，無法繼續用以前的老方法來解決時，我首先會思考：有沒有其他的選項？有沒有比我這樣做更好的選擇？如果換成別人來做，會怎麼樣？

如果得出的結論是「這件事由自己來做最合理」，那麼不管我喜不喜歡，都會立刻下決斷。

所以，我至今為止參與過的事，應該都是基於「由自己來做最合理」而做出的判斷。至少決定去做的那一刻，我沒有半分猶豫，儘管沒有十成的把握，不過至少由我來面對是最妥當的。

這或許也是程式設計師式的思考方式吧。

決定因素並非基於自己的喜好，也不是做這件事的辛苦與否，而是「這樣做是否合理」。所以說，這當中應該有很多其實是我能不做就不想去做的事（笑）。

舉一個非常明瞭易懂的例子，我到現在依然不喜歡也不擅長上台演講。而且從二〇〇一年之後，我得開始用英文演講。我小時候也沒在美國生活過，念高中時英文還很差（笑）。

可是因為我認為這件事情，比起命令其他人來做，由我自己來是最合適的，所以還是只能硬著頭皮做。做了這樣的判斷後便下定決心，反正橫豎都得做，還不如趁早下定決心，積極著手安排。

同樣的道理，我也選擇不做很多事情。有些事情會讓我下定決心承擔，也有很多事情則否。非必要的事不做，非我不可的事就做。

就英文演講這件事來說，首先必須有人來做。我第一次上台演講那時還沒有當上社長，所以，也不是說身為社長，就理所當然得上台發表演講。

只是當時在美國有個大型發表場合，需要有一個人去說明任天堂這間公司的企業理念。

那時還有請宮本先生上台這個選項，只是如此一來，他就必須花時間練習演講。我想，與其讓宮本先生花時間在這種事情上，還不如讓他把精力集中在製作更有趣的遊戲上。這樣的話，就只剩下我了。這便是我作出的判斷。

還有一件很重要的事。以結果來論，演講對我而言已不再純粹是一件「討厭的事」。我下定決心去做這件事，進而體會到了「從不會到會」的樂趣。

雖然不容易，卻也同時發現了新的趣味。我想，這便是我直到現在還能堅持用「自己絕對不擅長」的英文演講的理由。

「程式設計師不可以說Ｎｏ」。

以前我曾經說過「程式設計師不可以說Ｎｏ」。在製作遊戲的過程中，一旦程式設計師表示「做不到」，不僅寶貴的點子無法具體成形，也很難再想出下一個新點子。如果開發工程師總是站在程式好不好寫的角度考量，那永遠也超脫不了框架，無法生出新的點子。再說，一開始覺得做不到的事，經過不斷的嘗試錯誤後終於得以實現，也是常有的事。

所以，程式設計師不可以輕易地說「Ｎｏ」。直到現在我都認為，這句話在本質上應該沒有錯。只不過，這句話後來的確出現了一廂情願的部分，這是我的責任。

程式設計師的「Ｎｏ」會阻斷事物的可能性，這是事實，但是開發的各項資源並非無窮無盡。開發遊戲原本就受限於各種條件。所以真的達不到的事就必須坦白說一聲「做不到」。

我認為，對於具有可能性的事，如果「要做就必須犧牲別的」、「要完成這項就必須割捨另一項」，那就必須在相互理解的基礎上推進。

我希望大家能把「程式設計師不可以說Ｎｏ」這句話和上述那段言論綁在一起理解。千萬不要以為我的意思是即便錯了，「程式設計師還是不准說不！」。

排定「當事人不會後悔」的優先順序。

只要有「帶給人歡樂」這個最終目標，無論遇到再棘手的問題，我都會把自己視為當事人，思考解決之道。糸井先生曾經評論過我的這項人格特質，說「這是一種病」（笑）。

的確，當我看到有人正在發愁，或遇到難題時，就會想去解決他們的問題。正確來說，當我看到眼前有某個問題，我便無法不去認真思索「如果是我的話會怎麼做」。與其說我想幫助別人，倒不如說，我會把自己擺在當事人的位置上認真思考。

至於我為什麼會這樣，既不是因為我喜歡那個人，也不是因為我覺得他可憐，而是我覺得看到他欣喜的樣子才有意思。所以這充其量只是我的一個理念，不管這個人是誰，我只希望問題得到解決時，能看見他開心的樣子。

當然，我的時間也有限，所以我必須抉擇最終該分出多少時間來給那個人和他的問題。這也算是某種進退兩難。

尤其是在網路問世後，地點、距離、空間大小等限制全都不存在了，這使我更加感到為難。

當我思忖自己能做什麼的時候，到頭來限制我的還是時間。舉例來說，以前要安排某一天的工作時，如果我人在京都，那麼就只能約見同樣在京都的人。因此我只需要先思考目前哪些人在京都，再考慮「和誰見面最合適」就好。可如今由於網路的普及，即使是遠在地球另一端的人，也能即時展開日常的交流。

除此之外，網路的普及也擴張了我的動機。以前我不知道別處的誰遇到了什麼困難，也就不用去想我或許幫得上忙，而現在，我很快就可以看出「或許我能夠幫得上忙」。然而時間對我的限制依舊沒有消除。

也就是說，「和誰做什麼事」的選項雖比起以往爆增，但並不等同於可以同時和幾十、幾百人對話。這樣一來，對我來說最難的問題就變成了：該怎麼選擇，我才不會後悔我所花用的一天時間？

那並不全然是「追求工作效率」的意思。因為就算是把時間用於思考一些無聊透頂的事，也絕不算是浪費。

這麼一來，問題還是在於「該把自己有限的時間和精力用在何處」。再往深處思考下去，就會跑到「人生的意義」這種問題上了。

無論如何，光是把觸角伸得更廣，也成就不了任何事。公司決策同樣如此。如果變成只會茫然地討好社會大眾，勢必得將產品做得包羅萬象、樣樣俱全，然而如此一來便無法顧及每個細節。這樣的商業行為也做不出深度，最重要的是，不會有任何副產物誕生。

所以無論是個人或組織，還是要盡可能的做好整理，排定不會後悔的優先順序。我一直認為儘管後悔這種事不可能百分之百避免，不過可以的話還是不想嘗到這種滋味，哪怕只是減少那麼一些的「悔不當初」都好。

◆岩田先生語錄。其三

如果換一個完全不同的環境，
我應該會更以興趣為重。
如果沒人管，
我會做一些看起來有趣的事，
時不時地拿給周圍的人看，
把別人逗樂了我就覺得幸福。
我原本就是這樣的人。

我覺得，
人就是會去煩惱一些
想了也無濟於事的事。
要是煩惱能解決事情的話倒好，
但是對那些煩惱也解決不了，
煩惱也得不到好處的事情，
人就是會忍不住去想啊。

如果有一個人，
比我年輕、進公司資歷比我淺、經驗比我少，
卻寫出了簡潔迅速的程式，
那這個人的「優秀」便顯而易見，不在話下。
都是在做同一件事，
能夠更簡短更快速跑完的那個程式
必定是在某些地方勝過了他者。
我自然要抱持著敬意去學習那個方法。
凡是能我所不能者，
我都可以撇開對這個人的好惡，給予敬重。
我在這方面，
或許可說是公正的。

假設有客人在一家餐廳裡
向店家反應餐點的量「太多了」。
說分量「太多」的人為什麼會這麼說呢？
實際上問題的根源可能並不是分量，
而是因為「不好吃」。
所以，如果餐點的量明明在正常範圍，
店家卻只專注在客人所反應的分量上，
而無法正視「不好吃」的問題，
那麼光是減少分量，也無法解決問題。
如果真正的問題出在「不好吃」，
就得改善餐點的味道，
「客人說多，那就把分量減少」的作法，
乍看像是把問題解決了，其實並沒有解決。

當自己迷上一件事物時，
若能清楚知道自己著迷的原因，
日後就能把這種過程推己及人，
讓別人也能感同身受，產生共鳴。

做一項產品時，
每天的辛勤耕耘大致分為兩種：
「只能耗費人工」的事
和「可以交給機器」的事。
所以我很早以前就想設計一套
「機械化自動執行系統」。
我原本就對重複性質的事極度缺乏耐心。
因為我想要輕鬆生活，而且只想做有趣的事。
所以我無比討厭每天一再重複的機械式勞動，
也極不願意讓其他人承受這種痛苦。

任天堂在履行公司宗旨——
「製作無論男女老少都能開心同樂的作品」時，
於態度上，
其實與Apple公司的企業理念，
說得更明確一些，應該是與史蒂夫・賈伯斯這個人的價值觀
有一定的共通點，
像是「功能越單純越好」、
「應該簡明易懂」、
「選項太多反而讓客人不知所措，還是簡化的好」。
不過另一方面，顯而易見的，
他們是高科技產業，
任天堂則是一間娛樂公司，
兩方優先著重的事項也有莫大的區別。
就像比起「再薄0・5公釐」，

我們肯定會毫不猶豫地選擇把機器做得更結實耐用；
反之亦然，我也不認為Apple公司應該
將iPad從腳踏車籃的高度重摔多次以測試耐用性。
假如Apple公司和任天堂有共同處，
我想應該是
「簡化並使產品的魅力最大化」這點。
任何事情追求到極致，便逐漸形於單純。
不過我們終究和Apple不同，
優先順序畢竟不一樣。

我做發表或演講的時候，講稿全是自己寫的，
連簡報資料也非得自己做才肯罷休。

第四章

岩田先生

信賴的人。

用一項構想一次解決複數的問題。

「用一項構想一次解決複數的問題。」

這是在遊戲製作過程中，任天堂的宮本茂先生說過的話，宮本先生以此為開發遊戲的一種方法論。而我認為這不僅適用於遊戲，應該算放諸四海皆準的理論。

我想任何事都是如此，在做一樣東西時，經常會遇到「魚與熊掌不可兼得」的問題。

所以，儘管我們可以比較好壞、做出選擇，然而實際上開發商品時，幾乎不可能發生「只面對一項難題」這種得天獨厚的狀態。總是那邊冒出一個問題，這邊多一個麻煩。不僅商品開發如此，組織和人際關係亦然。

面對這種情況，倘若只做單一性的改善，把眼前的問題處理好就了事，對整體進展並沒有幫助。就算努力改好了一個項目，卻可能因此產生副作用，說不定原先正常運行的部分反而還跟著出狀況。

所以，當我們開想法激盪大會，針對一項問題討論解決辦法時，眾人自然七嘴八舌地發表各種主張，不過大部分的構想都只用來解決單一問題，無法兼顧其他問題。也就是耗多少油，就只能走多少路。

在遊戲這一塊，大部分時候我們都在煩惱遊戲不夠好玩。不用說，遊戲裡加越多料，自然越豐富有趣，玩家也會越滿意。但是另一方面，開發人員與時間並非無窮無盡。在有限的條件下要求「越多越好」並非解決之道。

不過，有些時候呢，只消動一個地方就能把各種毛病一併解決，甚至連我們沒有想到的問題也迎刃而解。

這種「只動一個地方」的解決辦法，就是宮本先生總是一直掛在嘴邊，不屈不撓、極度執著在尋找的。

我還在HAL研究所當社長的時候，有一天宮本先生突然打電話給我，猜猜他第一句話對我說了什麼？

他說，「岩田先生，我想到了。」

宮本先生說的「想到了」，是對我們當時共同開發的一款遊戲的構思，真真正正「用一項構想一舉解決了惱人的三、四個問題」。

想到一個方法後，各種問題迎刃而解……這就是「好辦法」，找到它，才是將整個專案推向終點的不二法門。

宮本先生認為，遊戲製作人的工作，就是尋找這些好辦法。我自己消化咀嚼過後，覺得這種思維完全不僅限於遊戲開發領域。世界上充斥著不少「魚與熊掌不可兼得」的事情。這種狀態有個學術用語稱呼為「抵換（trade-off）」，世界上所有人都在面對「抵換」的問題。

能用的經費越多越好。人手越多越好。花越多時間越能做出好作品。道理人人都懂，但如果只做這些天經地義的事，就僅僅是和別人用同樣的方法走同樣的路，並不具有任何競爭力。

而當我們發現單項要素彼此結合後所能產生的效應，便能夠另闢蹊徑，這條路愈是不曾被人發現，價值愈珍貴。

沿著問題的表象回溯問題的根源，有時會發現兩個看似不同症狀的問題，源頭其實是相連的，改變其中一個，也會同時影響另一個看似毫不相關的地方，即可將多項問題一網打盡。

宮本先生就是想到了能一口氣解決多個問題的辦法，整體局勢豁然開朗，才忍不住打了那通電話。

肩頭後方的宮本先生視線。

在我作為遊戲開發者剛剛起步時，每當自己開發的遊戲銷路不佳，我就會思忖賣不好的原因。

不謙虛地說，我認為自己在技術上並沒有不如人之處，但銷路就是乏善可陳。可是宮本茂先生製作的遊戲卻比我參與開發的遊戲多出好幾倍、有時甚至是幾十倍的銷量。若只看程式代碼的優劣，我與他明明應該在伯仲之間。

我也想自己的遊戲受玩家歡迎啊。就像宮本先生那樣。

宮本先生也是依循「做A就可得到B」的思路來做遊戲，當然，他在這一步驟的安打率就已經比其他人高出許多，但他畢竟不是神仙，也是有那麼幾次出錯的時候。

至於他是如何修補錯誤的呢？他會從公司裡綁架一個完全沒有接觸過那款遊戲的人過來。把人擄來後，沒有任何解釋，直接把遊戲手把塞進他手裡，說「來，開始玩吧」。

宮本先生在還沒有成為如今這樣享譽全球的遊戲製作人前，從還是小組長或者課長時代起，就是這麼做的。

由那麼早的時期開始，宮本先生便會抓來完全狀況外的人，把遊戲手把塞給他們。然後說一句「來，開始玩吧」，自己則一言不發地在後面看著他們玩。我將這種行為稱為「肩頭後方的宮本先生視線」。

直到有機會與宮本先生共事，我才明白此舉的重要性。與他共事之後，我才恍然大悟。

也就是說，開發遊戲的人，當然不可能向每一位買下遊戲的玩家一一說明「我們基於這樣的想法製作遊戲，請你用這種方式來玩」。在別無他法之下，只能將一切訊息寄託於商品本身。

可是做出來的東西，卻在傳達意圖這方面表現得奇差無比。玩家接收不到你想表達什麼。他們就是會在製作組意想不到的地方，碰上預期外的困惑。

宮本先生便是在用「肩頭後方的視線」尋找那些困惑點。

從背後觀察第一次接觸的人遊玩，將會有成堆的新發現，像是「啊，原來這裡沒看懂」、「竟然忽略掉那邊設計的機關了」、「跳過了這邊，之後大概會卡關吧」……等等，不勝枚舉。可以看出沒有任何前提知識的玩家將對遊戲有何種反應。

所以，不管自己是擁有多輝煌經歷的遊戲設計師，「只要玩家搞不懂，就是自己的錯」，宮本先生永遠是從這個想法出發。

簡單來說，這就是所謂的「用戶視角」。宮本先生很早就確立了尋找「用戶視角」的方法，而當時的我，關注的卻是「自己編寫的程式是否可行」，未曾思及玩家對遊戲的感受。

現在也有很多遊戲製作者就像當年的我一樣，想著「我覺得這樣可行」，用自己的主觀認定來說話，彷彿自己可以代表所有玩家一樣。當遭遇「玩家反應不太好」的事實時，本來應該捫心自問「為什麼會這樣？」接著開始思忖「怎麼做才能夠從根本上解決問題」，但是很多時候，他們卻篤信盲從自己的觀念，堅持將事實與假設混為一談的自我主張。

宮本先生的特別之處就在於，他對於自己注重的部分相當執著任性，同時卻又十分冷靜地觀察初次接觸遊戲者的感受，一旦發現「玩家沒抓到點」，便會乾脆俐落地調轉思路，嘗試其他想法。

他的思路調轉速度非常迅速。至今一直以近距離角度觀察，忽然就轉換為超遠端視角重新審視。你以為他在用放大鏡觀察細節，結果他卻拉到一萬公尺高空重新俯瞰。

一般而言，當使用某個看法來看事情時，便會不自覺地沿著這樣的角度愈來愈往裡鑽，就此固定了看事物的角度，這樣的人占大多數。

也許從太近的角度，就會看不清宮本先生所說的「可以一次解決複數問題的辦法」。正因為這些細節必須要換個角度才能發現，所以普通人也無法輕易想到。

宮本先生能夠快速地變換視角，或許這就是他能夠得出「解決問題並非一個人倒下，就換另一個人那麼簡單」這種結論的原因。

我想絕大多數人恐怕都認為宮本先生是一個擁有藝術家氣質的人。覺得他重視靈光一現、是右腦發達的天才型，宛如受到上天啟示般，可以源源不絕地想出超脫常人思考的事。

可事實並非如此。

宮本先生其實非常注重邏輯思維，但又不光是這樣而已。他是一個用理論性左腦思考，同時又追求藝術性成果的人，因此具有獨特的跳躍式思考方式，可說是兼具了理論家和藝術家的頭腦。儘管不甘心，可實在讓人欣羡。

我不會說自己完全沒有右腦型的藝術天賦，不過在與和宮本先生共事過、又結識糸井先生後，我一點也不想在右腦人擅長的領域和他們較量。因為我太沒有優勢了（笑）。

畢竟我的原則是與其在自己不擅長的事情上琢磨，不如在自己擅長的領域決勝負。

正確理解電腦本質的宮本先生。

照理說，宮本茂先生其實並不曾有系統地學習過電腦和程式方面的知識。但是他從電腦系統還非常簡單的時代就通過做遊戲累積了豐富經驗，因此作為實現自己理想的一個工具，他對電腦理解得十分透徹。

當然，我想他並不熟練「用電腦寫程式」這種專業技術，但是他對於電腦這個工具適合用來做什麼、不適合用來做什麼，掌握得非常到位。

所以假如有程式人員對他說「做不到」，他不會要求「想辦法給我做到」，而會問「這是怎樣的程式邏輯？」聽完程式人員解釋的運作原理之後，便提出建議：「換另一個方式來活用這種原理可不可行？」接著對方也欣然接受，事情就辦成了。

比如在製作《皮克敏》這款遊戲時就是這樣。這款遊戲裡每一個單獨的動作和構造其實相當單純，但是要讓它們整體運作起來毫無破綻，就變得非常困難。電腦在一次的動作中只能處理簡單的事情，不過可以用程式將這些簡單的事情組合起來，做複雜的運算。這是編程的有趣之處，也是它的困難之處。

宮本先生雖然沒有參與遊戲整體運行方面的程式設計，但對於每個簡單的架構大致上是如何運轉的，我想他都十分了解。

這樣說來，宮本先生的發言背後，的確有著對原理和功能的理解做支撐。所以他即使不具備專業知識，也可以和程式人員溝通。為了實現自己的期望，他可以代替先入為主地認定「做不到」的程式人員提出可行的建議方案。

這樣的遊戲設計師恐怕並不多見。

如今，懂得往遊戲的各個面向不斷加上新元素的人才眾多，有如過江之鯽。這類性質的東西，不需要藉助宮本先生的力量也可以達到相當高的水準。事實上，如果一一分項檢視他們的心血結晶，水準高得簡直沒話說。

但是，真正決定一款遊戲在玩家心目中地位的，恐怕並不在此。

挽救《地球冒險2》的兩個方法。

在《地球冒險2》這個遊戲面臨開發終止的危機時，我作為外援被叫到了開發現場。那時我還是ＨＡＬ研究所的社長兼程式設計師。

當時，我從這個半成品遊戲上確實看不到完成的希望。於是我首先對糸井重里先生斷言道：這樣下去是行不通的。

然後我又說：

「讓我來幫忙的話，有兩種辦法」。

接著說了這句，後來廣為眾多遊戲迷熟知的話。

「一種是修改現在做到一半的東西，大概要花費兩年；一種是全部重新來過，只需要半年。」

最終糸井先生選擇了全部重做，不過對我來說，其實兩個選項都可行，實際上無論用哪個辦法，應該都可以完成這款遊戲。

假如他讓我來選這個「最好的辦法」，恐怕我也會選擇從頭重做。不過，當時半路才加入這個開發組的我，職責就是重建遊戲，所以無論選中的是哪個方法，我都打算全力以赴。

畢竟，當時其他項目的開發元老也在場。突然跑來一個人大言不慚地宣布「全部砍掉重做！」勢必有人無法接受。要是破壞了開發現場的氛圍，原本沒事的也會變成有事。所以我只是提供了兩個可行的選項，我認為無論選擇哪一個都是正確答案。

從專案起步到最終完成為止，《地球冒險2》的總開發期間約莫五年。我進開發組前，已經開發了四年，我只幫忙了最後一年。

我雖然從頭重建了這款遊戲，但是其中的各項要素都是在我加入前的那四年裡完成的。美術畫面也有了，劇本和音樂也做到一定的完成度。也就是說，材料幾乎都已備齊。

我第一次去開發現場時就看到，每項獨立的檔案已大致齊備。於是我說，先用現有的資源跑跑看，然後把當時已有的檔案全數帶回去。將近一個月後，我把遊戲的地圖系統做成滾動式地圖，把它拿給糸井先生看。

然後所有人都為之震驚（笑）。因為他們表現得異常震驚，反而讓我覺得很不可思議。我想，我只是做了一件稀鬆平常的事而已啊。可見當時開發組是真的山窮水盡了。

最終，約莫半年後，《地球冒險2》總算銜接成一個完整的遊戲，可以從頭玩到尾。後來我們決定還是再雕琢一下，於是又花了半年調整細節後才推出。

單就結果來看，在我加入開發組一年後就完成了這款遊戲，然而並非我一年就把遊戲做好，而是因為有了前四年的努力耕耘，才完成了後來的《地球冒險2》。遊戲中裝載的種種遊戲趣味和精妙之處，絕對不是短短一年就能做出來的速成品。在開發觸礁前的那四年時間沒有絲毫白費，所有為它勞神苦思、絞盡腦汁的人所經歷的所有失敗、所有嘗試，全都栩栩如生地活在這款遊戲中。

《地球冒險2》與遊戲人口的擴大。

《地球冒險》這款遊戲從以前就深受粉絲愛戴，其中的優點經常被大家拿出來討論。而且，留在每個人心中的部分也相差甚大。

有的人喜歡遊戲裡的音樂；也有人說來說去，還是最欣賞台詞；每個人也有各自屬意的場景。有人說因為一句台詞潸然淚下，也有人表示討厭GEPPU（遊戲裡的某隻怪物）的音效。遊戲裡的每一處角落都承載了玩家的回憶。從感動落淚，到被無厘頭的哏逗笑，每個環節都深深觸動並留在玩家的心中。

聽到其他同好在講述時，即便內容和自己感興趣的點不太一樣，通常也能大為贊同。輪到自己抒發感想時，也會聽見對方的連聲附和。不一樣的玩家，都擁有屬於自己記憶中的經典場景。

為什麼《地球冒險》這個遊戲會如此特別呢？我想還是由於糸井先生的存在吧。現在已經沒有糸井先生這樣的遊戲製作人，所以也看不到像《地球冒險》這樣出色的遊戲了。

糸井先生曾經有過一段沉迷電視遊戲的時期，在這層意義上，他擁有貨真價實的玩家視角。與此同時，他還擁有超乎普通遊戲製作人規格的各種豐富閱歷。或許就是這兩相結合下，造就了他獨樹一格的特質。

《地球冒險》的整體框架遵循日式RPG玩法，在遊戲框架上，倒是沒有特別之處。可一旦綜合來看，偏偏成就了一款無與倫比的特色性遊戲。我想，是因為糸井先生在這遊戲中堆滿了有趣的、哀傷的、超乎常理的、無厘頭的各種要素，所有遊玩細節都是造就這款傑作的幕後推手。真正是，絕無僅有的佳作。

「男女老少，每個人都在玩。」

這是糸井重里先生寫的《地球冒險2》的宣傳標語。《地球冒險2》是我一同參與完成的，也是我與糸井先生結識的契機，這項標語也一直延續到我就任任天堂社長之後所標榜的經營理念——擴大遊戲人口。或者應該說，「擴大遊戲人口」說白了就是「老少咸宜，男女通殺」啊（笑）。

另外，《地球冒險2》裡面有一項系統，如果玩家遊戲時間過長，遊戲中的爸爸就會打電話來提醒「稍微休息一下吧！」在開發Wii時也運用了這項概念。要是沒有那套「兩小時爸爸」系統，Wii或許就不會做出記錄總遊玩時間這項機制了。

所以說，《地球冒險2》不僅僅是我參與開發的作品，更是賜予我許多靈感、別具意義的一款遊戲。

向糸井先生闡述工作理念。

這件事我記得非常清楚。那是《地球冒險2》的開發工作剛剛結束的時候，我為了邀請糸井重里先生來我任職的HAL研究所當顧問，造訪了他的辦公室。

當時也不知道是怎麼想的，就對糸井先生講述了我的工作理念。當時我所說的那些想法，其實至今也沒有改變。

「工作就是為了讓其他人快樂，自己也開心。快樂的人也許是玩家、同事，或是案主，總之我就是喜歡讓大家開心。大家的幸福就是我的動力來源。」我記得我是這樣說的。

為什麼我會對一個相識不過一年多一些，關係也絕非多麼親近的人，說出這麼直白的話來呢？至今我都沒想通原因（笑）。

如果是二十幾年交情的好朋友，講這些倒還能理解……而我就彷彿是和認識了二十年的前輩聊天一樣，就這麼說了出來……我真有種。

而我最忘不了的，就是當我講完之後，糸井先生說「我也是一樣」。當時我就想，「啊，怪不得我敢說出來。雖然很多事情上我們的作法截然不同，個性也天差地遠，各有各的人生經歷，我卻與糸井先生莫名地合拍，原來是因為我們擁有相同的工作理念。」

在那之後，我便一廂情願地覺得和糸井先生的距離拉近了許多。我想我與糸井先生能夠保持友誼，也是因為我們「重視的事情」十分接近的緣故。我第一次向他表達自己的工作觀時，糸井先生也由衷地回答了一句「我也是一樣」，我們的關係才能淵遠流長。

直到現在，我仍時刻覺得「幫上別人的忙」、「讓別人快樂」是我的動力。我很期待看玩家的問卷調查結果，看到有人稱讚我們的產品，知道遊戲帶給他們快樂，我都會和當初一樣開心。

這大概就是我工作的理由，說得更大一些，這也讓我得以確認自己的存在理由。如果沒有這些，再強再充足的動力，也總有耗盡的一天。

然而看到玩家的笑容，聽到工作夥伴的感謝，動力又會再度積蓄。放到任天堂的事業上來說，「玩家的會心一笑」就是我們的活力泉源。

山內溥先生的教誨。

從我開始著手重建ＨＡＬ研究所起，之後的五年間，也就是我進入任天堂之前，每年固定有兩、三次機會，可以聽當時的任天堂社長山內（溥）先生講話。當時的參加者有我和糸井重里先生，有時宮本茂先生也會加入。

我至今仍不清楚山內先生是出於什麼原因安排了這樣的談話時間，但無庸置疑地，我在這裡獲益匪淺。也許他是認為我們能體會他想表達的事。那樣日理萬機的一個人，卻在百忙之中抽空與我們懇談。山內社長是出了名的不太愛笑，卻總是笑容可掬地和我們侃侃而談。

如今想來，那就像是在上學一樣。一間學經營的學校。學娛樂是什麼，軟體是什麼，任天堂這間公司重視什麼。任天堂應該做些什麼，不可以做些什麼。

比如山內先生說過，「任天堂打架就輸了，所以不要和別人一起攪渾水。」這句話用現在的商業用語來說，便是「藍海策略」。

所以，比如說要開發新硬體時，山內先生很早就說過，重複過去的模式推出的新硬體既不能帶給人新鮮感，也勢必無法增加新的遊戲人口。他說，包括掌上型遊戲機、家用遊戲機在內，只是換湯不換藥的產品毫無特色可言。千篇一律的東西，最終只能打價格戰。

此外，山內先生也經常以「合適與否」來談論事情。這與後來我在經營公司時的核心理念「天賦論」——「發展自己擅長的事情」可以歸結為同一個道理。當時我還年輕，甚至一度覺得「過度用適不適合來判斷一個人的話，努力豈不是沒有價值了？」如今再想想，已然可以理解山內先生說的這番話，確實是一針見血。

後來我依然有幸聆聽山內先生的諸般教誨。他最常說的就是「不要做一樣的事情」。最具代表性的一個例子，就是他建議「遊戲機應該做成雙螢幕」，於是有了後來的任天堂ＤＳ遊戲機。山內先生的提案最終被如實呈現了出來，但是我認為他只是拿雙螢幕做比喻，那句話真正的意思，是要大家做出顛覆性的東西。他的重點還是在於「不要做一樣的事情」。

因此山內先生提的「雙螢幕」概念，早在做任天堂ＤＳ的很久之前，就一直是我和宮本先生擱在心上的一道題目。直到有一天我察覺，如果將觸控式螢幕技術與雙螢幕構想和掌上型遊戲機結合，該會多麼有意思。我用一個具體的構想，解開了這道題目。

那時的事我依然記憶猶新。我當時和宮本先生就在兩人常去享用午餐的義大利餐廳停車場聊天，聊著聊著突然靈光一現。我當時想：「啊！就是它！」（笑）。

山內先生說的話就是會如此在我的腦海裡盤旋。「不能一直走老路」這類的話，真的已不知聽他說過多少遍。只不過，道理雖然懂了，答案卻非一朝一夕就能給得出來。只能一邊請他稍等，一邊收好這個長期課題。山內先生之後也從未改變過他的信念，數十年如一日地說著同樣的話。現在這毛病已經轉移到我身上，變成我在耳提面命這些話了。不過，我的語氣可能比他柔和一點（笑）。

無論如何，山內先生說過的話，我是不會忘記的。畢竟他是使任天堂公司如奇蹟般發展成長的人。這個人說的話，怎麼能不尊重。如果有人覺得山內先生說的話是「陳腔濫調」，我一定會這麼告訴他：

「你不知道，任天堂能夠有今天，只能用奇蹟來形容啊。」

◆岩田先生語錄。其四

糸井先生說的話，
總是從我意想不到的觀點出發，
與我分享超乎我思考的構想。
與他對話，每次都猜不到球會從哪個方向飛來……。
不過，他會把球投在我接得到的範圍。
我從未漏接過。
飛來的球千變萬化，真是太有意思了。

山內先生在任天堂的歷史上扮演了舉足輕重的角色。
如果沒有山內先生，
任天堂或許就不會是現在的模樣。
例如任天堂ＤＳ的雙螢幕是怎麼來的？
是因為山內先生對雙螢幕的無比執著。
他堅持要做雙螢幕，
多虧了他的強烈要求，
我和宮本先生算是用反推的方式，
一直在思索「什麼樣的元素可以發揮雙螢幕的好處？」
最終想到的，便是將其中一個畫面做成觸控式螢幕。
所以若沒有山內先生當初的熱情，
任天堂ＤＳ就不會做成那種形態。

宮本先生的偉大事蹟之一，
就是打造出能滋生無窮樂趣的框架體系。

宮本先生只是稍微摸過還在試作中的軟體，
就能直指問題核心，一語驚醒夢中人。
這樣的事層出不窮。
也許他本人並沒有意識到，
但是身為被提點的這一方，實在是很不甘心（笑）。

我們經常在「船即將出港」時，
因為宮本先生的關係，落到必須開爐重鑄的下場（笑）。
而每一次整修後，
都能讓硬體再升級一些。

在製作遊戲這方面，
我從宮本先生身上獲益良多。
與其說他教我，不如說我偷學來的，也許更為恰當。
從在ＨＡＬ研究所時，我就有樣學樣地模仿他。
坦白說，我當時把眼睛瞪得和銅鈴一樣大，
一直從外部觀察任天堂宮本先生的成功祕訣。
如今不知是什麼奇妙緣分的安排，
我們在同一間公司裡一起做遊戲，
說起來也相當有意思（笑）。

宮本先生有種非常有趣的思考方式——「從功能性出發」。

舉個例子來說，

他想讓某某人登場，絕不是基於故事性考量，

是因為「那裡沒有某某人的話會很無聊」這種功能上的需求，

從這種角度來切入事情。

這種思路就能明顯感受到宮本先生的工業設計背景。

譬如之前宮本先生在《超級瑪利歐世界》中

讓瑪利歐騎在耀西背上的這項構想，

其實也是從「功能性」出發。

為什麼這麼說呢？

因為超級任天堂這種主機，

它無法大量橫向並排精靈圖（Sprite）
（※用以顯示圖像的一種技術結構）
耀西最終會被騎在下面，
只是因為讓他和瑪利歐疊在一起，
可以壓低橫向排放的精靈圖數量。
明眼人從耀西的設計圖便可看出，
純粹是以功能為考量才那麼設計的。
所以把耀西做成恐龍，
也不是因為我們想要瑪利歐騎恐龍，
是因為受限於功能，只允許這種近似恐龍的設計。

宮本先生相當重視遊戲的序盤，
將其視為一大功能要素。
所以在遊戲開端，
要傳達給玩家的訊息就十分清楚明確，
也因此他能夠在開發過程中清楚下達指示，
像是哪裡做得不夠、
應該以什麼順序來呈現。
開發人員在開發現場待得越久，
感覺就會越遲鈍，
無法敏銳地掌握新玩家會在哪裡陷入困惑。
這種情況愈是到開發後期愈嚴重。
所以宮本先生在最後神來一筆的指示將一切「翻盤」，
其實也是必然的。

宮本先生會一邊挑剔瑕疵，
一邊盡心確保資源不被浪費，
這作法總是令我萬分佩服。
會將事情「翻盤」的人，
多半都是毫不客氣地將資源一股腦地丟棄，
宮本先生則是貫徹「丟掉資源很浪費」的理念。
即便有被排除不用的資源，
他也會謹記於心，
不時提出挪到他處使用的建議。
在這方面，
他和「翻盤」這種砍掉重練的印象
還是有一些不同的。

宮本先生這個人呢，
如果誰向他舉出「做不到的理由」，
他就會反過來把那人倒吊起來，
逼他吐出需要什麼條件才能做到，
然後幫他把這些條件都準備好（笑）。
我們都說他是
「先讓人動彈不得，
再瞄準避無可避的要害攻擊」。

我總覺得世人對宮本先生有點誤解，
很多人覺得他是
手邊有一堆著名的遊戲角色，
可以自由取用，

所以在他開發遊戲的時候，
只要在遊戲裡隨便用上一個著名角色，
自然就會吸引一眾玩家的關注。
但是像我這樣很早以前就認識宮本先生的人，
就會知道事情並非如此。
瑪利歐最開始也不過是個跳跳人，
宮本先生從「瑪利歐」這個名字還默默無聞時
就在培養這個角色；
《大金剛》、《薩爾達》系列的林克、
還有《皮克敏》，都是他一手栽培出來的。
換句話說，並非一開始就決定啟用哪個角色，
藉由該角色不費吹灰之力地吸引眾人的關注；
而是追求極致的遊戲樂趣，
最後呈現出來的，可能會是無比華麗，
也有可能成為一個樸素感展露無遺的作品。

我們稱之為「宮本魔法」，
其實宮本先生所做的，
就是細心地完成
每一道理所當然的程序。

我發現了一種「天才的定義」。
「可以把或許沒人喜歡做的事、嫌累不想做的事，
持之以恆地做下去的人」——
我認為這就是一種「天賦之才」。
永無止境地思考，
義無反顧，將一條路走到底。

這樣累人的事，也不知道是否能有回報，
我相信這必然不容易。
但是對有能力做到的人來說，這並不是一件苦差事，
認為自己是在受苦的人，鐵定已經輸在了起跑點。
所以我說這是一種天賦。
不以為苦地堅持走一條路，
由此發現事物真正的價值，
這樣的人是足夠知足，而且幸福的。

我可是世界第一的
「宮本茂觀察者」（笑）。

第五章

岩田先生

所追求的遊戲。

我們理想中的遊戲機。

在過去，電視遊戲機愈是普及，家裡就會有愈多台「個人專屬電視機」。究其背景，其實遊戲機的普及與家庭內電視機數量的增加，兩者間是同步的。事實上，家庭內電視機的台數增長的時期，與過去紅白機、超級任天堂等遊戲機流行的時期完全一致。

然而隨著數位無線電視的興起，大尺寸平面電視進入市場，人們重新回到「在客廳裡放一台大電視」的時代。

Wii當時的設計，就是為了連接那台大螢幕電視。大電視機前通常也會有一些空間，有了Wii，大家就可以利用這片空間一起動動身體，熱熱鬧鬧地玩遊戲。雖說有些自賣自誇，不過我真心覺得這是一件非常棒的事。

比起遊戲機本身的性能，更需要深思熟慮的是遊玩的環境。

想當然爾，客戶分為很多種類型。即使商品的訴求相當明確，可從不同類型玩家的角度來看，你有你的想法，我有我的觀點，於是商品在人們眼中就有了千變萬化的姿態。

換成汽車製造商的話，或許可以因應不同客層來推出多樣車型，但是任天堂卻不能用這種方式推出遊戲主機。

如此一來，就只能以做出「從任何角度看都深具魅力」的極致商品為目標，不過這就讓我們陷入一種無限挑剔自己毛病的狀態，例如想要兼顧所有層面時，就會展開一輪「那家裡沒有網路的人怎麼辦？」的熱議。所以我們的做法是，盡量從足夠多的角度來審視，一一完成這些填空題。

在那個時代，我們想推出的是更貼近日常的電視遊戲機。比起玩遊戲度過每一天，讓遊戲機融入日常生活才是我們的理想型態。

就算在從前那個號稱遊戲黃金期的時代，也依然有許多人覺得遊戲這種東西與自己無關，從來沒有接觸過遊戲機。我想讓這群人也能覺得這台機器其實沒那麼礙眼，反而對自己是有益的。

我真誠地希望能有更多原本對遊戲漠不關心的人，經由日常生活中對遊戲機的接觸，在潛移默化中明白電視遊戲的樂趣。

電視遊戲機本身被認為是一種「把電視變成遊戲器」的產品，我認為今後對於遊戲器的定義將會愈來愈廣。

許多人回到家以後，會無意識地打開電視。即使沒有什麼想看的節目，也會先打開電視再說，這是為什麼呢？因為回到家後，每次只要按下遙控器上的電源鍵，生活就會發生一點變化，比起什麼都不做來得稍微幸福一些。我想就是因為這樣的背景，電視機才會在世界上如此普及。

我最期待的，就是人們會習慣性地打開遊戲機，就像開電視一樣。用個有點奇怪的說法，只要遊戲機的開關一打開，接下來就輪到我們發揮真本事了。不過啊，讓人們按下電視遊戲機開關這件事，實在不是那麼簡單。

就像客人如果不進店門，再優秀的商品也賣不出去一樣，不打開遊戲機的電源，就算有再出色的遊戲也無人問津。

世界上不知有多少遊戲是玩了就知道多麼有趣，卻因無人知曉而被埋沒的。基本上大部分玩家的消費行為都屬於被動，很少有人會主動搜尋、調查遊戲資訊。我們必須要做的，就是告訴他們遊戲的好玩之處。

說得不謙虛一點，電視遊戲的歷史上曾經有一段時期，很多玩家只有在出了新的《勇者鬥惡龍》和新的《瑪利歐》時才會把遊戲機拿出來接上電視，平時根本都收在櫃子裡。所以我決定，首先要讓人們把遊戲機常態性地接在電視上，下一步，才終於逐漸讓人們養成每天開機的習慣。

先做出遊玩的框架。

我想，以電視遊戲為代表的互動型娛樂，其強處就在於玩過以後，直到十年、十五年後依然留存在玩家的回憶裡。

小說和電影的確也會帶來感動，然而時間一久，即便還記得當初感動的心情，有時卻會連大致上的劇情都說不出個所以然。不過由於遊戲需要玩家自己動手操作，屬於互動式娛樂，因此每個人被觸動的部分都是那樣獨特，印象也強烈鮮明。

在這個意義上，我認為只要是玩家主動參與的互動式遊樂，就算有別於傳統電視遊戲的方式也未嘗不可。所涉及的類型與主題，也必須要有不同於以往作品的切入點，否則對遊戲感興趣的人口數量也不會增加。所以我們在開發任天堂ＤＳ的時候，提出了「擴大遊戲人口」這個目標，開始積極採用過去不曾用於遊戲的主題。

如果要製作一款能滿足全世界眾人期待的遊戲，面對閱歷無數的玩家，我們實在不是他們的對手。玩家的遊戲體驗愈豐富，對遊戲的要求也愈多。如果我們一味在後頭追趕，想要滿足所有如雪球般愈滾愈大的玩家願望，恐怕我們的遊戲機永遠都做不出來。

正因如此，我們做的硬體，首先架起了一個遊玩的大框架，讓許多玩家可以用自己的遊玩方式來填充這個結構。在硬體中預先建立可以激發各種遊玩靈感的「良好機制」，之後就會有不可限量的發展潛力。

在這個意義上，在設計平台時，具前瞻性的基礎架構以及精準的判斷眼光，便顯得相當重要。

所以，我們製作的遊戲機不僅僅有強大的功能，玩法上也可多元化擴充，對此必然性，我有十足的信心。而在另一方面，對於我們開發出來的商品，除了大方向的設計理念外，我當然也想做出一款超棒的遊戲，再難掩興奮地告訴大家。這是我的願景，也正在努力實踐。

從荒謬開始的討論並不是白費力氣。

我在開發Wii的時候，腦中不停思考著一個問題：「該怎麼做才能讓家人不要仇視打電動這件事」。我想出的法子——其實已經近乎荒謬了——就是要不要做一個當家長規定孩子「一天只能玩一小時」，一小時後就會真的自動關機的系統。

這實在不是一個遊戲公司的社長該有的主意（笑）。

當然，在我的設想中，自動關機時，所有遊戲資料都會自動儲存，不過即使會存檔，這種系統也過於粗暴，重點是我當時……非常認真在想這件事（笑）。沒有啦，我知道這是個很過分的主意。因為我那時覺得，不用這麼極端的想法拋出震撼彈，討論的內容也只是了無新意的陳腔濫調。我想，最起碼抱持著這種意識來交流，是有其價值的。

此話一出，果然大家就熱烈討論起來。

有人說這種系統不會被大眾接受，有人覺得非要這麼極端才能消除媽媽們對遊戲的敵意。我們還討論起技術層面是否可行。每小時自動儲存所有遊戲資料的系統能否實現？隔天開機的時候是什麼狀態？對這些技術性問題，也都刨根究底了一番。

總之，最終大家向我說明了這個概念有多困難，而且比起強制自動關機，還有更好的方法來實現我的目的，所以這個設想也就被打回票了。

最後從這場討論中誕生的系統，就是記錄玩家每款遊戲遊玩時間的「遊戲紀錄」。不是為了遵守「一天只能玩一小時遊戲」的約定而設定強制關機，而是通過「遊戲紀錄」來促進家長與孩子溝通，讓孩子學會遵守約定，這種設計更加引人入勝。

現在想來，這雖然是從我的「謬論」而開始的，但由此誕生的討論和一連串後續，我想並不是白費力氣。儘管還是給許多人添了麻煩。

自動關機系統胎死腹中，實現的另一項功能是「夜間風扇停轉」。開發Wii的時候，我們的目標是要讓Wii成為二十四小時不關電源的「無眠機器」，而我非常堅持「夜間風扇停轉」這部分，沒有任何妥協空間。因為，如果你的遊戲機風扇到了半夜還在轉，可能會讓媽媽覺得「這孩子又不關機！」然後強行把插頭拔掉。

走在過去的延長線上，才是真正的恐怖。

任天堂ＤＳ如今大受歡迎，在短時間成為了社會現象，連歐美也沒能倖免。不過在開發當時，我可沒有傻到去做這麼樂觀的想像。現在準備要推出Wii，我也是一樣的心境。

我很擔心，開發一個與過去完全不同的商品，它的價值能否為世人所接受？不過，也正是心中的這份忐忑，讓我湧現了鬥志，想讓世人明白它的價值。

當我們要做的事情不在過去成功的延長線上，不只沒有百分之百成功的保障，也沒有豁出去說「最糟不過如此」、「再差也就那樣」的膽子。說不定會大大失利，慘遭滑鐵盧。

在開發初期，相信每個人都是惴惴不安。技術層面的問題、看不見具體目標的問題，也許還有無法理解開發方針的問題。選擇一條與眾不同的路，原本就令人害怕。一般大眾的習性是「大家一起前進就不怕」，我們卻要特立獨行。任天堂這間公司的文化是「推崇獨特性」，不過我們要挑戰的「不同」，在種類和規模上都不容小覷，走上與別人完全相反的路，尤其戒慎恐懼。

不過，我自己是覺得，走在過去的延長線上，這件事才是最恐怖的。

我相信沒有人能知道什麼時候應該做出改變。當我們將船舵轉向時，世人何時才能理解任天堂的這個新方向呢？是一年後？兩年後？三年後？還是五年後？沒有人知道。

但是，未來並不在過去的延長線上。

按照舊的路線發展，勢必會逐漸演變成硬碰硬的蠻力較勁，顧客也會慢慢脫離，不再繼續跟隨任天堂。所以我們必然得轉向新航道，唯獨這件事十分明確。

可是這個船舵要轉多少度，大眾才能毫無障礙地理解接納，產生認同與共鳴呢？沒人知道。只不過，徑直走在過去的老路上並沒有未來。走在一條沒有未來的路上，等於是緩慢地走向終結，也就意味著我們努力的方向沒有任何意義，所以在這點上，我從未有過一絲遲疑。

遊戲玩家人口的增加，必定會帶來光明的未來。我對此深信不疑。

即使時間倒轉回到過去，我們依然會做出同樣的東西。

遊戲手把的硬體試作、與新手把的軟體試作，兩邊的迅速聯動、相輔相成，這就是任天堂手把的開發祕辛。

也就是說，硬體部門一提出一個新手把，軟體部門便立刻做出測試軟體，並將測試的手感反饋給硬體部門。我們的商品就是在這種循環反饋中誕生的。

就拿Wii的單手手把來說，現在看來，給人的感覺像是一開始就決定要做成這樣，但其實它的誕生過程，並不是因為誰提出了一項偉大的構想，而是很多人紛紛雜雜的想法神奇地融合到了一起，始料未及地，於最終呈現出如今的型態。

為了推出Wii這項產品，我們做過的模型、試作機、試作軟體足夠裝滿好幾個箱子，我認為這些並非全是白費力氣。我們用飛快的速度重複這些試作流程，當命運帶領我們遇上幾項對的技術時，所有問題都迎刃而解。

手上是徬徨摸索中，名字叫做Wii的商品；現狀的延長線上顯然沒有我要的答案；唯獨應當前行的方向那麼明確。

這樣的情況下，時間當然也有限，也必須維持一貫以來的產品上線速度，當時是一邊開發新機種，一邊發售新的掌上型遊戲機。回首那時的整體製作流程，或許某些過程中細節處未臻完善，有挑剔不完的小瑕疵，可神奇的是，Wii本身並沒有任何遺珠之憾。

我甚至可以挺起胸膛大聲地說：「即使時間倒轉回到過去，我們依然會做出同樣的東西。」

兩個人做出的《任天堂明星大亂鬥》。

《大亂鬥》系列的起點，是一九九九年任天堂64的專用軟體《任天堂明星大亂鬥》，它的原型其實是我和櫻井（政博）兩個人製作的。

那時候，這個遊戲還沒有加上任天堂的明星角色。企劃、玩法、設計、建模、動作，全都是櫻井負責，我則一手包辦了程式設計，還有另一個人統籌音效，在某種意義上，可以算是一款究極的手工作品。

當時我們所任職的ＨＡＬ研究所正處於探索期，一邊涉足各種軟體製作，一邊摸索我們真正想做跟應該推廣的東西。那時，櫻井告訴我他有一個有趣的構想，我說「那就趕緊做出來跑跑看」，催促櫻井去寫企劃，我寫程式。

話雖如此，但是我們兩個手頭都各有工作，沒有那麼容易抽出時間做這些事。我也是平日沒有多餘時間，就用六、日來寫程式。櫻井把機制和資料拋給我，我組好後扔回去給他：「做出來是這樣，然後呢？」我們就這樣你拋我接地完成了這個作品。那真是一段有趣的經歷。

我寫這個遊戲的程式時，從一開始就覺得十分帶感。只是當時並未料想到，日後竟然會發展成如此大規模的遊戲。

《大亂鬥》每個系列都會增加新角色，玩法模式也推陳出新，一款軟體裡包含的內容超乎尋常地豐盛。雖然我一向認為，遊戲不應該一味增加「容量」，不過對《大亂鬥》，我卻有另一套看法。

這款遊戲內容越多，越有遊玩價值，像是一個「什麼都可以裝的容器」，所以我覺得這款遊戲內容量再豐富也沒問題。

《壞利歐》的口號是：要做任天堂做不到的事。

當初在企劃時，應該沒人想得到，《壞利歐工坊》系列能夠成為如此穩定推出的系列作品。這真的算是意外之喜，同時我也感受到，這款《壞利歐工坊》，正是如今任天堂的基本路線——「獲取新顧客」的代表性先驅。

可以說，是《壞利歐工坊》為我們打開了通往新方向的大門。容易上手，玩法也十分自由，可以集中精神短時間遊玩，也可以長時間沉浸在遊戲裡。這種可變性十足的玩法，與目前任天堂要走的路線十分相近。

開發《壞利歐工坊》時，我常說「要做任天堂做不到的事」，這句話我到現在都還記得。

有趣的是，為《壞利歐》系列頭號作品的銷售方針絞盡腦汁想破頭的，其實是宮本茂先生。

「做任天堂做不到的事」——極端地說，也包含了「做宮本茂先生做不出來的東西」這層意味，而基於這個想法誕生的「旁系」作品，宮本先生卻比任何人都要不遺餘力地想賣出去，這真是非常有意思。應該說，世界上最執著於追求「宮本先生做不出來的東西」的人，正是宮本先生自己。

關於這款遊戲，有件事情我到現在都忘不了。

《壞利歐工坊》的試作品中，有個叫做「唱片機」的作品。

簡單來講，它的玩法就是把Game Boy Advance遊戲機放在旋轉椅上，然後去轉那個椅子。轉了之後，遊戲裡的唱片機就會跟著椅子一起轉起來（笑）。而且它會隨著椅子的轉速，改變音樂播放的速度（笑）。

……我……當時……一直沒完沒了地轉那個椅子（笑）。時不時地還吐槽一句「真蠢」，一邊嚷嚷著「真蠢」，一邊玩得不亦樂乎。「真蠢」可是最至高無上的讚美詞（笑）。

輕度用戶與核心用戶。

把Wii手把的正式名稱定為「遙控器」，是我強烈要求的結果。我在這件事上莫名地頑固。

因為，家裡的電視遙控器，一般都在伸手就能搆到的地方，大家都稀鬆平常地拿起來操控。我就是想讓大家把遊戲手把也當成電視遙控器那樣操控，正好最後做出的手把形狀也很像遙控器，所以我強烈地認為「應該叫它遙控器」。

「為什麼大家在家裡會去拿電視遙控器，卻不會去拿遊戲機手把呢？」這是我們當初開發Wii時極重要的一個理念。所以我堅持「非叫它遙控器不可！」

二十多年前，很多人初次看到十字按鍵和ＡＢ按鍵的手把界面，都會覺得奇怪：「用這個怎麼玩遊戲？」但是到了今天，已經不會有人質疑這件事。所以，倘若我們確實達成接下來應達成的使命，現在看起來奇形怪狀的東西，或許就能成為未來的新常識。

過去的遊戲，幾乎都是在既定的「遊戲」框架下來製作，不過這個框架，有點像是開發者的自我設限，認為「要做成這樣才能叫電動遊戲」。

而一旦掙脫出陳腐的框架限制，讓思路自由馳騁，開發出來的就是「腦力鍛鍊遊戲」、「與狗狗生活遊戲」、「英語學習遊戲」、「料理烹飪遊戲」這些新類型。

或許有人會覺得，這些軟體不應該被稱之為遊戲，但是它們只是把遊戲的報酬從「得分」、「通關」轉換到了現實生活中而已。

任天堂就是用這種方式來親近平時不玩遊戲的用戶，這並不表示我們無視那些已存在的遊戲玩家，只是在我看來，必須要讓不玩遊戲的人理解遊戲，「遊戲」在社會上的地位才能提升。

當今社會大眾總是對「遊戲」有一種先入為主的壞印象，還出現「一直玩遊戲會變成廢人」「玩遊戲會把腦子玩壞」這種不負責任的妄言。這種言論會讓喜歡遊戲的玩家對玩遊戲有一種莫名的罪惡感。

讓那些不玩遊戲的人來接觸遊戲、理解遊戲的有趣之處，就有可能大大扭轉這種社會風氣。讓愛玩遊戲的人在社會上不受歧視，更加無拘無束，開發商也更能放手做出「像電玩的電玩」。

事實上，任天堂一邊關注非遊戲玩家市場，另一邊也沒有放棄開發正統電玩，甚至耗費數年心力，打造極致講究的《薩爾達傳說》系列。我們在遊戲上傾注的熱情是無庸置疑的。

即使不用花費大量時間和物力也可以做出好產品——這項由任天堂DS熱銷所帶來的觀念自然有它的價值在，只是在另一方面，讓人們看到《薩爾達傳說》的質與量，讓人們感受到「許多優秀人才投入大量時間開發的東西，果然很棒！」也很重要。

我認為這兩種思路並存，對兩方面來說都是好事。我們應該擁有這樣寬廣的幅度，而且我覺得如果只容得下一種思考方式，是很不健全的。

說到底，我們不應該把輕度用戶和核心用戶分開考量。畢竟，每個人在最一開始不都是輕度用戶嗎？

大家都是從輕度用戶開始，而其中一部分的人逐漸對遊戲產生極大的熱情。不過大家後來在提到遊戲時，總像是生來就有兩種不同用戶似的。

想必是因為人們總是無視時間流動，只擷取眼前的瞬間，才會說出那種話吧。然而事實上，無論重度遊戲迷、抑或是頂尖遊戲高手，肯定都曾有過輕度用戶的時期。

這樣一想，果然不斷讓新的玩家入坑還是很重要的。不引入新的人流，總有一天客戶會流失殆盡。

◆岩田先生語錄。其五

假如遊戲中放置了一塊沒什麼意義的石頭。
你問「為什麼在這裡放了一塊石頭？」
得到「不為什麼」的答案。
這「不為什麼」就是最要不得的回答。

剛開始做一個遊戲時，
總會貪心地想加入一堆元素。
但是，並不是一味貪心地
往遊戲裡塞入各種功能就好，
抽絲剝繭找出「真正必要的是什麼」，
或許還能由此發現更多可能性。
也就是說，與其貪得無厭地撐破肚皮，
有時候「減法創造」才是良策。

我們的平台十分注重
「軟硬體需搭配得宜」，
以確保遊戲可順暢運行。
並通過單一操作模式，
讓小朋友到老年人
不必看說明書就能遊玩。

一個硬體問世後，
會逐漸降價，於五年後被淘汰，
這種市場循環已是大致底定的事，
而我認為不一定非要去配合這種銷售模式。
我個人覺得，
發售後過段時間就會降價的產品，
就好像廠商在告訴客人
愈晚買愈划算一樣。
我一直覺得好像哪裡不太對。
當然，不管在任何情勢下，
我都沒有否定降價的意思，
只是我一直在想，
應該反過來，在一開始就全力做到最好，

不要讓那些第一波支持的人後悔，
覺得「這麼早買下來真是虧大了」。

我深深體會到，
在設計一款遊戲時，
真正重要的不是「加入什麼」，
而是「捨棄什麼」，
「決定不做什麼」。

我覺得很有意思的是，
開發一項產品時，
會不斷遇到加入新元素、新技術的機會，
但是很多時候，
我們都會認為「還不到時機」而不予採用。
我不知道這樣比喻恰不恰當，
開發硬體就像坐在迴轉壽司店裡，
目不轉睛地盯著各種元素和技術在台上流轉。
看著看著，有時就相中了從眼前流洩而過的元素，
覺得「就是它了！」並伸手取下。
硬體開發在我眼中就是這麼回事。

在娛樂業界，僅僅因為我們
無法一語說出自己的與眾不同之處，
就足以讓人們喪失興趣。

「約束是創造之母」啊。

未必要把所有遊戲都做得像百科全書一樣，
只要構想和切入點對了，
做點雜誌、漫畫之流的遊戲也不錯。

說來說去，遊戲的基本構造
就像是「魚與熊掌不可兼得」、
「由各元素間制衡與消長的相對關係帶來樂趣」。
而且最近的遊戲
不只有單一趣味主軸，
而是多條線複雜地交織在一起，
所以玩起來才會「不痛快」。
因為那是屬於「不斷添加元素」的遊戲構造。

《薩爾達》的風格
是一種非常不可思議的價值觀，
大家心照不宣，
不必說出口也能形成共識。
至少有一點我能確定：
《薩爾達》並不是從某個人腦海中誕生的作品，
而是許多人苦苦思索、相互腦力激盪，
先通過了每個人心目中那道《薩爾達》風格的門檻，
才得以碰撞出新的靈感。

我覺得《薩爾達》的風格，
就是由這些參與創作的人
逐漸型塑出來的。
我無法準確地形容「《薩爾達》的韻味」是什麼，
不過所有參與開發的人員
都時時刻刻意識著這種「薩爾達風格」，
也許這就是《薩爾達》最深刻的韻味。

我一直覺得，
市面上的網路遊戲，
基本上都是讓強者出頭的地方，
一個人開心了，
就會出現幾百幾千個不開心的人，
這算是網路遊戲的原罪。
我當然不是要徹底否定這種架構，
但只要這種因素持續存在，
遊戲玩家數量的增長就會有其限度。
即便遊戲本身看起來很有趣，
想必還是有許多人在入口處躊躇不前。
所以，我們一直在討論的就是如何摒棄這種形式，
想想辦法，讓父母能夠放心地讓孩子遊玩網路遊戲，
創造沒有打壓歧視的世界。

自己做的事情得到了某些回應，
人們才會產生接下去的動力。
反過來說，得不到回應的事便無法堅持下去。
獲得名為回報的獎勵，是人類行為的原動力。
電動遊戲的世界就是反過來利用這一點，
玩家作出某個行為，系統就給予反饋，
遊戲的基本運作便是如此。
此時系統給予的反饋，
有些令人愉悅，有些則讓人蹙眉，
這兩種劑量要如何調配，
才能讓人津津有味地玩下去，
時而有趣、時而驚奇？
我們做遊戲時總是不斷在思索這些問題。

真正好玩的遊戲，
即使只是在旁邊看著別人玩，也會充滿樂趣。

第六章

别人口中的

岩田先生。

宮本茂口中的岩田先生

「我們之間不是上司和下屬，是朋友。」

宮本茂

一九五二年出生，任天堂代表董事，遊戲製作人。主導開發了《超級瑪利歐兄弟》《薩爾達傳說》等在遊戲史上留名的經典遊戲。

因為我們擅長的領域不同。

與岩田先生第一次見面應該是在一九八八年的《FC大獎賽2：3D Hot Rally》那時。岩田先生當時是HAL研究所的開發部門負責人，之前也曾經製作過任天堂的《高爾夫》和《氣球大戰》，我知道有這麼一位優秀的程式設計師，但是還沒有與他直接見過面。

他對我說，想讓我看看HAL研究所做的一款競速遊戲。當時HAL研究所已經具備相當高的技術實力，做出的競速遊戲也採用了大膽前衛、曲折起伏的跑道。可是，就是少了一點魅力（笑）。我覺得很可惜，於是出手把主角換成瑪利歐，把遊戲改成了賽車遊戲。那時我們互為自家公司的開發代表，針對遊戲的方向性做了一番討論，那就是我和岩田先生最初的合作。

當時岩田先生已經是技術實力頂尖，名號響叮噹的程式設計師，我則是沒有技術力，靠創意獨闢蹊徑的開發者（笑）。對於那些擁有我沒有之能力的人，我一向是心懷憧憬的，所以與岩田先生共事對我來說非常刺激。對岩田先生來說，我的開發方式應該也十分有趣？合作雙方擅長的領域各有不同，真的很不錯。怎麼說呢，因為對方有很多自己沒有的長處，所以特別安心，可以放心把我不擅長的部分交給岩田先生來做。反之，擅長的部分過於類似便容易起衝突，也會發生更多其中一方不得不讓步的情況。和岩田先生一起做事，就完全不需要有這方面的顧慮。

拿《3D Hot Rally》舉例，單純的3D視角競速遊戲沒什麼看頭，所以讓瑪利歐這個角色加入，做成賽車遊戲好了——提出這樣的點子就是我的任務；岩田先生則會考量自家公司程式人員的特點與個性，來決定組成什麼樣的團隊，以及如何開發這款遊戲。

我們兩個都是創意總監，儘管負責的領域不同，卻同樣都想付諸實施。所以當開發工作遇到瓶頸時，岩田先生會從技術面重建，我則嘗試用創意解決。用不同的做法實現同一個目標——仔細想來，岩田先生在出任任天堂社長之後，也一直維持這樣的策略方針。

岩田先生了不起的地方，在於他能力出眾卻又虛懷若谷。

他原本就實力不凡，再加上求知若渴，所以能力一直在提升，可是他卻相當自謙，總是在支持、舉薦，或推崇他人。當專案出現問題，他加入開發組幫忙力挽狂瀾時，也總是把自己當成新來的，一邊照顧每個人的心情，一邊善用現有人力資源，不埋沒任何一個人。這真的很了不起。

為新事物命名。

岩田先生成為任天堂的社長以後，擁有多項建樹，其中之一就是建立了各種新制度、新體系，並幫它們「命名」。

譬如在開發新硬體時，會成立一個橫跨各部門的團隊，岩田先生把這稱為「車座」（註：意指所有人圍成一圈面朝內坐在一起）。有了這項名稱，大家就會抱持正面的態度來看待從各部門召集員工進行討論這件事。團隊的命名會示意大家，即使沒有一個明確的組織結構圖，這群人仍有一席之地，另外，人事部門也是可以介入的。透過命名，自然而然地讓大夥明白該團隊的任務。

這原本是岩田先生所敬重的糸井重里先生之專長，岩田先生大概是拿來加以發揚光大吧。我也覺得這作法很不錯，到現在還會為一些小團體或定期會議取名字。只要取個好名字，即便不去過問，這些組織和會議也會自動自發。

在做決定或一件事情起步時，不是靠自己獨力推動，而是賦予團隊和體系一個客觀的名稱，嵌合進組織裡。岩田先生在這方面特別厲害。

不僅僅是組織，為商品命名時，岩田先生也會絞盡腦汁。譬如推出Wii的時候，他將手把命名為「Wii遙控器」，堪稱別具深意。他一直強調，為了那些從來沒接觸過遊戲的人，我們應該把手把的正式名稱叫做「遙控器」。同樣也是岩田先生的主張，為了讓人一看就懂，Wii的軟體名稱也要冠上「Wii」，比如《Wii Sports》、《Wii Fit》；但「３ＤＳ」卻不這麼做。

在命名這件事上，他並不是按照一般的原則取名，而是仔細為每一項事物量身訂製應有的名字。

岩田先生擁有出類拔萃的彙整事物之能力，既正確又迅速。我想他在取名字的時候，注重的也不是品味，而是通俗易懂、貼切傳神。

還有，他的閱讀理解力也十分優秀，可飛快瀏覽別人寫的程式。他自己的程式技術自然不在話下，同時又專精於解讀別人寫的程式。所以他可以迅速地修改、糾正別人的程式。我想，應該是因為他有很強的推理能力，或者說他樂於去解析別人寫程式最初的意圖是什麼。與其說他是熱愛學習，我感覺是熱愛這些事情本身。

另外，他打字超級快。我曾經想仿效一下，結果完全做不到（笑）。

就算不一樣也不會對立。

很少有人會吹捧我，就只有岩田先生把我愈捧愈高（笑）。他也常說自己是「宮本茂觀察者」，有些我說過的話連我自己都忘得一乾二淨，岩田先生卻還記得清清楚楚。像「所謂的好點子，就是能夠一口氣便處理好複數的問題」，這話與其說是我說的，倒像是岩田先生推廣出去的。

比方說，他對我「靈感來源為何，從哪一部分開始製作」似乎非常感興趣，也會經常掛在嘴上。他不是直接問，而是自己默默地探尋，而且還很自得其樂的樣子（笑）。我甚至跟他說過，你其他方面能力都這麼強了，這部分就不用再追加了吧？

話雖如此，他當然也是一名實力堅強的創作人，比如《腦力鍛鍊》系列遊戲，就是岩田先生從零開始逐步開發的。這種以當時多款DS遊戲為代表，「先有主題再想內容」的遊戲製作方式，應該就是岩田先生憑一己之力闢建的。

我自己其實比較會從人們的生理或心理方面來展開一項企劃，像是「人們對事物的感受方式」、「人們有興趣的東西」等；岩田先生則更傾向於從具體的主題切入。比如他發現人們對於「腦力鍛鍊」、「怕聽到自己的腦力衰退」、「想預防腦力衰退」的這種心理，與人的行為動機密切相關，於是由此展開企劃。我想他並非在一片茫然中思考，而是無時無刻不在尋找一個可以成為契機的主題。這點也體現在他開發硬體的時候。

我的思考方式和開發方式都與岩田先生不同，但是我們兩人從來沒有發生過對立性的爭論。即使我們意見相左，也會站在對方的視角，分享彼此握有的資訊，相互磨合，這對我們都是一種良性的刺激。

如果說我們之間有什麼明顯的不同，可能是對場合服裝的意識吧（笑）。岩田先生在這方面做得非常到位，即使有些場合沒有規定著裝規範，他也會給自己設定一個標準，嚴格遵守，以免令對方不快。在這點上，我就覺得「差不多就可以了吧？」（笑）。不過，岩田先生畢竟是公司的最高領袖，立場上總是有必須嚴肅以對的時候，我們兩人在個性上算是南轅北轍，一個鬆散、一個嚴謹。

一同製作的《寶可夢隨樂拍》。

我與岩田先生幾乎沒有同時參與過一款遊戲，關聯度最深的，我想應該是任天堂64的《寶可夢隨樂拍》。

當時，我們有一個支援任天堂外部遊戲製作人的專案，叫做「傑克種魔豆計劃」。遊戲的主軸是使用相機來拍照，可是空有點子，卻無法具體成形，不知該何去何從，開發陷入了膠著。

於是我先鞏固了拍攝照片的機制，但岩田先生說：「拍照遊戲可以做，問題是要拍什麼。」然後有一天，他說「宮本先生，應該是寶可夢，大家想拍的是寶可夢」。我也覺得這主意很好，最終這個點子，為這個遊戲企劃找到了出口。所以這遊戲是由岩田先生提出「大家想拍的是寶可夢」的構想，我的工作則是建構系統，把「拍照」機制做得更加趣味盎然，這堪稱是我們兩人都相當認真參與的一個作品。

除了直接在開發現場碰面，我們兩人也一直攜手擴大企劃的規模，當有人拿來新的試作品，在判斷該作有沒有潛力時，我們的意見往往一致。譬如有個作品已經相當完整，收尾也收得很好，雖可預見不至於有什麼大的閃失，但面對這樣的作品，我和岩田先生都會想，耗神費力去完成這種四平八穩的作品有意義嗎？這種時候，身邊有個持相同意見的人，真的非常有助益。

儘管我和岩田先生在遊戲大方向上作出的判斷大致相同，令人意外的是，我們的衡量基準卻很不一樣。像我完全沒在注意一項企劃的誕生背景，岩田先生則經常有感而發地說明給我聽，這也非常有意思。

我們在判斷一件事物的時候，總是習慣以手邊握有的資訊做衡量標準，能夠與另一個值得信任的標準切磋琢磨，相當難能可貴。

書與會議與服務精神。

岩田先生成為任天堂的社長之後，與他在ＨＡＬ研究所時有一項很大的不同，就是他開始閱讀商務相關書籍了。他在百忙之中讀了很多書，一有好書就會推薦給大家。我這個人不太看書，不過岩田先生強烈推薦的書我都會看。

我感覺岩田先生讀書的方式，不像在書中尋求啟示，而是為了要印證他平時思考的事情，或是想藉由書本來傳達自己的想法。他總是不停地思考任天堂在做的事情是什麼，公司目前位於什麼處境這類問題，如果書中寫的內容與他所想不謀而合，就能讓他更加堅定。然後再把那本書推薦給員工讀，不但能間接說明他自己的想法，也能促進公司內部意志的統一。他就是這樣發揮書的作用。有時他會多買幾本分發給身邊的人，也會對全體員工推薦書籍。

在岩田先生推薦的書中，我印象最深刻的就是關於行為經濟學的書。在他告訴我之前，我甚至不知道還有這個學科領域，但是讀了以後便很能認同，「原來，我們行動背後有這樣的道理」。岩田先生似乎也十分醉心於該領域，短時間內就讀了大量相關書籍，加深自己的理解。然後一見面就用十分白話的方式說明給我聽，諸如「任天堂在做的就是這個」、「宮本先生你的想法跟這個很接近」。我覺得他自己都可以寫一本那方面的書了（笑）。

除了讀書以外，岩田先生作為社長還很看重一件事，就是開會。岩田先生很早就把「會議主持」這個角色的重要性滲透到公司內部。

會議主持，簡言之就是主導會議完善運作的人，如果會議桌上缺乏創意，這個人就負責添加創意；假如創意過於氾濫，這個人就負責彙整。換句話說，就是各個會議的「總監」。他在公司裡宣傳這個理念，強調有一個「真正想在會議中找到解答的人（會議主持）」，對任何會議來說都至關重要。有時候，他還會具體指定一個人「你來當這個團隊的會議主持」。有趣的是，經他這樣一點名，真的會沒來由地萌生出主持人意識呢。

像這樣經岩田先生之手滲透到公司裡的文化，有許多直到現在都還在公司裡面被大家靈活運用。總之，岩田先生就是很喜歡用自己介紹的東西，幫助公司順利運轉。與其說他是在盡社長的責任，對他來說，可能更近似於一種服務。他最喜歡聽別人說「多虧有你，事情才有了進展」。

「可視化」與全體面談。

還有，岩田先生也會積極主動地告知員工，自己這個社長和公司的董事們，是出於何種考量作出各種決策。他經常使用「可視化」這個關鍵詞，一直致力於讓任天堂的經營也能「可視化」。

這指的不僅僅是讓眾人傳閱會議記錄、公開重要會議的內容，還包括策劃員工感興趣的活動、從公司外部邀請能引發共鳴的嘉賓，和員工面對面對談等，為了讓每個人都能在資訊共享這件事情上得到樂趣，而下足了工夫。

比如說，某次董事會上，他把會議室一角的桌椅挪開，在那裡放了一台大電視。然後邀請平時大概不怎麼玩遊戲的工廠廠長來體驗運動遊戲新作。這樣一玩，立刻就能知道遊戲有多好玩，廠長也玩得滿頭大汗，直說「不錯，回去可得多生產一些」。岩田先生就是這樣，很注重建立能快樂共享事情的環境。

就這層意義上，岩田先生很重視一對一面談。

從在ＨＡＬ研究所的時候，他就開始做這件事了。我想在岩田先生心中，面談的優先順位應該非常高，他成為任天堂社長時，便與企劃開發部的所有員工做過面談。我想當時人數應該有超過兩百人。

他並沒有把面談這件事變成公司裡的硬性規定，感覺起來，這最多算是岩田先生個人的營運方針。先前提到的其他事情也是，岩田先生都是因為喜歡才去做這些事。因此大家也能欣然接受，並沒有被強迫的感覺。我想，岩田先生大概是想藉由這些舉措，達到讓每個人獨立思考的目的吧。

你問岩田先生有沒有生過氣（笑）？沒有耶。至少我沒見過他扯著嗓子說話。當然，他有他嚴格的地方。

例如出了什麼問題，必須讓客人久候的時候，對他來說比起問題，他更在意「還沒能給客人一個說明」。

我和岩田先生在這點上看法一致。遇到那種號稱「沒紕漏」，本質上問題卻沒得到任何解決的情況時，我們就會發火。如果公司上下、身邊四周都無一紕漏，卻沒有解決到當事人的任何問題，反而會造成對方的不安。因為「需要公司內外都協調好才能說」這種理由而讓客人等候的話，此時岩田先生就會發怒，連我也會忍不住生氣（笑）。

真實的岩田先生。

我和岩田先生說話的時候，無論意見有多大的分歧，他都不會生氣或不耐煩。

不過有時候倒是會靜默不語。明明一直聊得挺開心，突然間就緘默了。這大概就是他和我意見相左的時候了。

不過，這種時候岩田先生並不會提出來與我爭論，而是暗自思忖。想了又想。也就是說，不一樣的意見提供了他思考的主題。所以他會過一陣子又回頭說道：「關於剛才那個問題……」我才會發現：「原來你一直在想那個啊」（笑）。

這正是岩田先生有趣的地方。

所以，他總是一直在「進貨」，近乎貪婪地吸收新知。讀書是如此，就連一起去吃個午飯，也會開始進貨（笑）。每當我在聊開發過程遇到的各項瓶頸與發現時，他總會聽得津津有味，到了下週吃午飯的時候，他就說「上次說的那件事，我搞明白了。」（笑）。

岩田先生的這種個性，從我認識他起，就絲毫不曾改變。是的，真的完全沒變。

我還記得第一次一起共事時，岩田先生從山梨縣的ＨＡＬ研究所來到京都，我們一起工作，不知不覺已到深夜，兩個人就一起出去吃拉麵，因為任天堂公司的風氣是不接待不應酬，所以我們吃飯後來都是ＡＡ制，基本上什麼都是ＡＡ制，即使後來我們一個是社長，一個是專務，也一直是AA制（笑）。二十年來一直AA制（笑）。這種關係和生活習慣方面，也是多年來始終如一呢。深夜喔，很傻吧，深夜跑去吃拉麵。非常快樂啊。不過，晚餐費可能高了一點就是（笑）。

怎麼說呢，我們的關係，說到底還是朋友，不是上司和下屬，他不會罵人，我們也不會吵架。以一般公司的感覺來說，他的年齡和資歷都比我輕，卻當上了社長，按理說彼此心裡應該會有疙瘩，可實際上完全沒有。有一個叫岩田的人，在與他一同共事的日子裡，順理成章地認定「當然是他更適合當社長」。我覺得這樣真好。

所以我們真的是「成為了朋友」。在不知不覺間。

還有什麼呢……我想想還有什麼……對了，岩田先生在家裡也是一位值得尊敬的父親。他的家庭真是羨煞旁人。太太同樣是一位溫柔體貼的賢內助。還有，他因為沒什麼時間運動，所以在社長室放了一台跑步機用來跑步。他也一直在用《Wii Fit》。林林總總的回憶真的太多了。

他還有一點和我截然不同，他非常喜歡有效利用乘坐新幹線或飛機時的空檔時間。像我就比較懶，馬上就昏睡過去（笑）。比如我們去歐洲的時候，他就告訴我，如果我們坐晚上從羽田起飛的航班，那麼就可以一路睡到巴黎，早上就能直接去參加活動。他就是會興高采烈地說這種事的人。

還有，你知道公司裡有時候會稱呼岩田先生為「卡比」嗎？他在開會開得比較久時，只要面前有零食，就會吃個不停。所以大家就稱呼岩田先生「卡比」，總是在他面前堆起一座零食山（笑）。

還有件事也很有趣，岩田先生並不太喜歡吃漬物，其實我也是。只是身邊沒什麼人知道我討厭漬物就是了（笑）。糸井先生來京都的時候，我們經常一起去一家店吃飯，只有那家店的淺漬我和岩田先生能吃得津津有味。我們也沒有特別聊過這件事，只是在去過那家店很久之後，他提到「只有那家店好吃」，我趕緊說「我也一樣，我也一樣」（笑）。

現在岩田先生不在了，公司依然正常運作著。多虧他把很多想法用文字、用體制保留了下來，所以年輕一輩的也做得有模有樣。比較困擾的是，我週末想到的那些無聊瑣事，已經沒有人能在禮拜一聽我說了。

那個一邊和我一起吃午飯，一邊說「對了，之前說的那件事啊」的人不在了，讓我有些傷腦筋，或者說，我感到寂寞。

糸井重里口中的岩田先生

「他是一個想帶給所有人快樂的人。」

糸井重里

一九四八年生。撰稿人、HOBO NIKKAN ITOI SHINBUN總策劃。跨足遊戲製作、作詞等多方領域。在開發《地球冒險2》時結識岩田聰後，發展出深厚的交情。

見越多次面就越信賴這個人。

第一次見到岩田先生是在開發《地球冒險2》的時候。在那之前，我們連寒暄和簡短交談都沒有過。任天堂的前社長山內溥先生曾問過我好幾次，類似：「見過岩田先生嗎？」「最好見見他」這種話，只是實在沒有機會得見本人。後來我才聽說，山內社長當時好像也和岩田先生提過好幾次「最好去和糸井見個面」的樣子（笑）。

後來是在《地球冒險2》的開發碰到瓶頸，眾人一籌莫展時，最終決定要拜託岩田先生相助。我們是在東京……沒記錯的話，應該是在當時負責開發《地球冒險2》的APE公司內見面的。我在那裡說明了《地球冒險2》這款遊戲當時的情況，以及希望岩田先生如何參與進來。

然後，岩田先生就說出了後來很有名的那句話。

「要修改現在做到一半的東西，大概要花費兩年；不介意全部重來的話，半年就可以完成。」

我當然是請他全部重做。加上最終調整的時間，最後是在一年後推出了《地球冒險2》，但是，只要是當初在開發現場遭遇瓶頸與挫折的人都知道，這已經是令人難以置信的速度了。我很高興能有這樣的結果。

第一次見到岩田先生時的印象，該怎麼說呢，他給人的感覺非常好。明明是初次見面，卻給人一種他說的話可以相信的感覺。岩田先生曾回顧當時的情況，說他自己也是滿緊張的，可是完全看不出來。當說到「要修正現有的東西，還是從頭重做？」時，如果僅看字面，會覺得有些傲慢，但是岩田先生一點也不自大，而是可以感受到他非常重視對方的自由意志。怎麼說呢，我們雖是站在請他來幫忙的立場，不過比起他的技術，他的態度更讓人深受吸引，而且見越多次面就越加深對他的信賴。

還有一件雖是關於我自己，但也滿有意思的事，就是岩田先生的到來讓我不敢再懈怠，正面影響了我，使我變得更有責任感。我當時的本業是撰稿人，所以即便花好幾年的時間做一款遊戲，還是有種半玩票的心態。從創作層面來說，這或許也有加分作用，不過還是有可能讓整個計畫陷入危機。岩田先生來了以後，沒有頤指氣使，也沒有對大家不耐煩，只是笑容可掬地重整製作現場，但這些事他做起來肯定也不輕鬆，因為我深切地明白這點，所以自然而然地也會要求自己必須更加負起責任。

後來事情能順利推進，我想大體來說，還是因為岩田先生帶給了我們希望。他讓我們知道，原來我們不是在癡人說夢。

從當初的結識，一直到他當上任天堂的社長後，岩田先生給我的印象始終沒有變過。啊，宮本先生是不是也說過一樣的話？（笑）

首先改善了眾人的工作環境。

岩田先生在整頓《地球冒險2》時，我記得很清楚的一件事，是他一開始就寫了一個遊戲的改修工具。

宣稱要半年搞定的岩田先生，並不是自己一人埋頭默默修改遊戲，而是首先構築一個讓所有工作人員都能參與改修的運作模式。這嶄新的作法令人驚嘆。

畢竟是在眾人一籌莫展時，如天降神兵般地君臨現場，誰不想先發揮一番自己的實力，告訴眾人有我在萬事安心，但是岩田先生並非如此。他不是用只有自己會的方法力挽狂瀾，而是先建構一個讓每個人都能接觸到遊戲內涵的環境。所以每個人都油然升起「肯做就辦得到」的信心。每個人都想著，只要努力就對了，心情也隨之豁然開朗（笑）。

還有一句後來也變得非常有名的話：「程式設計師不可以說No」。岩田先生對於這句話最後演變成程式設計員的壓力這件事，一直耿耿於懷。那並非岩田先生的本意，他想說的是：「如何付諸實施是我們的工作，所以糸井先生你儘管說出你想做的事吧。」真的很感謝他能這麼說。

還有，岩田先生對於創意，總是會給予很棒的反應。當我的搞笑大叔魂作祟，說一些瘋狂的構想時，他都會一臉高興地說「我沒想到能這樣」，或是「要做到這個地步啊？」視情況，有的時候還會順著我的話題，回敬我新的點子。所以像《地球冒險2》裡面地下帝國的效果呈現，或是除章魚機這項發明，不管是出點子還是動手做的人，都做得很開心。

還有一件事，我記得岩田先生說過：「電腦能做到的事就交給電腦去做。」平時就在驅策電腦的人聽起來或許覺得理所當然，可對我來說卻很新鮮。岩田先生常說「我們都想做只有人類才做得到的事」，我覺得他說的真是對極了。岩田先生恐怕比任何人都懂電腦，可是他並沒有因為自己的電腦專才就高高在上。真要說的話，他比較像是因為熟知電腦的便捷性，所以對只有人類才能辦得到的事更感興趣。

回顧《地球冒險2》的開發現場，我好像沒有太多與岩田先生深度討論遊戲內容的記憶呢。大概是因為劇本和台詞早在別處做好了，岩田先生比較像是把這些材料組合起來的人。我偶爾提出想做的內容時，岩田先生就會爽快地提出實現方法，二話不說地接受；糾正我的想法，或是論述大道理的那種交流，在我印象中幾乎沒有發生過。不對，也有可能是我忘記了（笑）。我想我們都是在談論「人們覺得什麼東西有趣」這種比較根本性的話題吧。

當開發持續到太晚，岩田先生不得不回山梨的時候，我經常開車送他到新宿車站的南口。他大部分都是搭特急「梓」號列車回去的。他總是說著「梓列車實在是很晃」，擠在登山客人群裡，卻也不以為意，高高興興地搭車回去。

在任何場合都是扮演小弟的角色。

岩田先生的年紀比我小大約十歲，我想岩田先生大概在任何場合都帶有一種「自己比較小一點」的感覺吧。因為他三十出頭就當上ＨＡＬ研究所的社長，接下任天堂社長的棒子則是四十二歲的時候。

真要說起來，他雖然領導著眾人，卻也在某方面擔任著小弟的角色。在成為任天堂這樣一個大公司的社長以後，也依舊在某些層面扮演著小弟的角色。我不是說他幼稚，而是指那種把自己擺後面，優先照顧眾人的感覺。所以當他要提出什麼方案的時候，往往參雜著「我這邊也想過了，你們覺得這種看法怎麼樣？」這種商量的態度，而不是命令或發號施令。

至少就我自己的感覺，我和岩田先生的關係，因為年齡上的差距，使我們兩人得以輕鬆地相處。不過，岩田先生真正的想法我也無從得知就是了。

我這裡有段岩田先生像個小弟弟一樣的軼事。《地球冒險2》好不容易上市之後，我們決定要開慶功宴。在討論慶功宴事宜時，岩田先生罕見地說了句：「我可以有個任性的要求嗎？」我還以為是什麼事，結果是「可不可以請尊夫人（樋口可南子小姐）來參加慶功宴？」（笑）。我太太不太在這種場合露面，不過和她說明原委後，她便欣然出席了。岩田先生這個人原來也會追星啊（笑）。

還有就是《地球冒險2》發售前後那陣子的事情，他來拜託我：「能不能邀請你來HAL研究所分享你的想法？」於是我就從中央高速公路一路開車到山梨的HAL研究所，過過當講師的癮。平時我總是拒絕所有演講的邀約，不過如果是岩田先生開口，自然是要答應的。

就這樣，我和岩田先生在《地球冒險2》之後也一直保持聯繫，有一次，他拜託我能否當HAL研究所的顧問。那時岩田先生說：「我先把我的工作理念全告訴你，請你聽完再下決定」，然後到我公司來，將他的想法完完整整、毫無保留地說給我聽。其實在岩田先生向我開口時，我便已經打算答應，但我還是聽他說了。

他講的，主要是關於「HAPPY」這件事。

回想起來，岩田先生總是一直將這件事掛在嘴邊。他是一個想帶給所有人快樂的人。自己的快樂，工作夥伴的快樂，顧客的快樂。我也附和道，不是「帶給大家幸福」這種措辭，而是更有種洋味的「HAPPY」，真是不錯。因為這樣的意氣相通，總覺得高興莫名。

噢對了，你們可能會覺得，我怎麼都記住這種無聊事，不過啊，岩田先生呢，他在說「HAPPY」的時候，會像這樣把雙手張開喔（笑）。像這樣張開手，「HAPPY～」（笑）。這種事情，怎麼會忘記呢？

那天感覺真好。只有我們兩人，一直說個不停。

聊個不停。真是開心。

岩田先生當上任天堂社長之後，我也開始定期造訪京都，我們兩個便經常碰面。我去京都的時候幾乎都會和他見面，岩田先生來東京時，也常繞道來我們公司，與我聊聊。雙方彼此調整時程，哪怕只是短暫見個面也好。

至於見面要做什麼呢？就是一直聊天。像我太太就說過「你們男人真是長舌」（笑）。

比方說在京都見面的時候，就把我們兩邊要辦的事合併一下，然後兩人一起外出，等事情辦完後就邊吃邊聊，回來後繼續聊（笑）。岩田先生會一邊講話一邊丟球給我家的狗。我太太帶狗散步回來後，我們兩個也還在聊個不停。聊得最久的一次，是他中午過來，我們一直聊到晚上九點左右。岩田先生的太太應該也覺得很不可思議吧（笑）。

要說我們在京都、在東京都聊什麼、聊那麼久，嗯……大致來說就是「最近在想什麼」。從某一個人的想法起頭，然後另一個人附和，或是提出另一項觀點，所以也可以說是在開會。不是針對哪件具體的工作，卻極度認真地燒腦（笑）。我們也完全沒有激烈爭辯的感覺，而是一個勁兒地互相肯定。沒有反駁與不服氣，有的只是附和對方的意見。這樣聊天真是愉快。嗯，想想是有點奇怪（笑）。

像我們一起搭新幹線時，結果還是聊個沒完，但我會找個適當的時間睡覺。不過岩田先生是不在車上睡覺的人，所以會一直滔滔不絕。這種時候我都老實說「抱歉，我要睡了」（笑）。然後岩田先生就會二話不說地拿出電腦來開始敲敲打打。這種事也發生過好幾回呢。

那個人的優點就是不會忸怩作態。不會打腫臉充胖子，也不會故作姿態地對人生氣。所以我們兩個大男人沒完沒了地聊天也不會覺得無聊。我認為這方面算是岩田先生的優點。

怎麼講呢，說來說去，就是人品好。不分男女，可以與其長久相處的人，其實很多都是人品好的人。講難聽點，大概就是沒情趣吧？

我也和他本人這麼說過。作為一項「優點」，我再補充說明一下：岩田先生是個「俗氣」的人（笑）。不過，就是這種俗氣感特別棒。我想見過岩田先生的人都會同意我的話。如果你問我「那你就不俗氣嗎？」我想我肯定也很俗氣。所以想必是我們這些不謀而合的地方，或者說，彼此顯露出來的特質，讓我們這麼合拍。

每一段時期最親密的朋友，雖然會有更迭，不過將所有時間加總來看的話，岩田先生應該是我來往最久的朋友了。

生病時也不改作風的岩田先生。

關於他的病，我們也聊了很多。

岩田先生檢查出病情的時候，我正好有事要在京都短期逗留。那時候我與別人約了要用餐，岩田先生聽聞後，難得地表示：「我也可以一起去嗎？」他通常是個很懂得分寸的人，不會提出這樣的要求。但那次因為大家都認識，我自然非常歡迎他一起來。

不過在那次聚會時，岩田先生到最後都沒有提生病的事。大概是因為那是開心的場合，所以終究還是開不了口。之後，因為我女兒決定要結婚，我們在京都約吃飯，那時他同樣問我：「可以跟你見面嗎」？那時我才第一次聽他提起生病的事。可能他還是想親口說出來吧，而不是透過電話或郵件。說完後，還聊了「要送什麼結婚賀禮」之類的話。

那次之後我們也聊了許多，嗯……岩田先生給我的感覺，就是維持著一貫的作風，一邊盡最大的努力治療，同時也設想了最壞的情況。他有時會和我說明現在有什麼樣的治療法。雖然是理所當然的事，但岩田先生真的是把這些資訊摸了個透（笑）。我們保持著電子郵件往返，在他可以短暫回家休養的時期，我也到府上探望過他。細節我就不說了，不過，他自始至終都是我熟悉的那個岩田先生。差別只是身上穿的不是西裝（笑）。

岩田先生過世後，受他夫人之邀，我在葬禮前得以見到靜靜躺在那兒的岩田先生。那時的他，便是一貫的西裝筆挺。現在想想，那真是一張年輕的容顏，正值榮華英年。那時候我也比現在年輕幾歲，岩田先生更是比起那時的我年輕許多。

儘管如此，我畢竟還是「外圍」的人。岩田先生的夫人與其親屬自然是非常悲痛，我和他們以及與他長年共事的人相比，心中感受與承受的重量，自是不可同日而語。

我對岩田先生葬禮那天的印象非常深刻。那是個下著傾盆大雨的日子。我和宮本茂先生剛巧一起在等候著什麼，我在那時忽然問了宮本先生。

我說：「不曉得岩田先生認為自己有多少機率能治好？」

宮本先生一聽，極其自然地答道：「當然是想把病完全治好，他可從沒想過要死」。啊……原來在他身邊的人是這種感覺啊，我想。我發現，自己果然是屬於比較外圍的人。近在他身邊的人們，自然會那樣認為。看著宮本先生，我深刻地明白到，岩田先生那堅定對抗病魔的意志，已確實傳達到他的心中。

我不太會表達，不過，保持一點距離的人，往往會無可避免地看到最純粹的事實。而愈是近在咫尺的人，「情感」的部分則愈加鮮明。在聽到宮本先生回答的那一瞬間，我對於自己問出這個問題感到愧疚不已。我知道，問題並不在此。

怎麼說呢，一切都有了恆久的連結。

岩田先生在世的時候；他生病的時候；那天他找我過去的時候；和宮本先生聊天的時候。奇妙的是，這些全都串連在一起。連同我與岩田先生在京都聊到夜幕低垂的時光，也還在不斷延續。

以增加「快樂」為志向。

我與岩田先生的交情很久了，也見過他的家人多次，他顯然是個好父親。岩田先生過世後，他兒子曾經明言「他在家裡也是個好爸爸」，讓我印象非常深刻。能夠得到兒子如此肯定評價的父親並不多見。

我很喜歡一段他們父子間的小趣事。岩田先生和他兒子有些地方很像，聽說他們倆個想事情的時候都習慣來回走動，當他們同時在屋子裡徘徊，各自想各自的事情時，有時候就會撞在一起（笑）。我與岩田先生的家人們同聚，他太太提起這件事時，岩田先生也苦笑著說「是這樣沒錯」。

還有，他兒子目前已有家室，不過在與未來太太剛交往時，岩田太太曾經從車裡看見過兩人走在路上，當時兒子似乎露出了「不曾在家裡顯露過的開心笑容」。岩田先生和我說到這件事的時候，開心得像什麼似的（笑）。比起這段故事本身，岩田先生的表情更加令我難忘。他說，「他老子我也沒看過他那麼高興的樣子。」岩田先生可是很少用「他老子」稱呼自己，可見他那時覺得這事太有趣了。

我在在覺得，岩田先生是當真喜歡每個人的笑容。他也把這做為任天堂的經營理念，時刻掛在嘴邊。說來說去，他是個以增加「快樂」為志向的人。

為了這個志向，他是真的可以不辭辛勞地全心奉獻。他喜歡幫助別人，喜歡「瞭解」事情，喜歡為此與人溝通交流。

所以岩田先生喜歡的一切，應該都濃縮在與宮本先生每週一的午餐時光裡。因為那是他們興奮地分享讓自己人開心，也能帶給玩家歡樂的充滿創意與靈感的時間。

每次他光臨我在東京的公司時，總是興高采烈地帶著眾多的想法與假設，還有正在思考的問題而來。他身為公司的領導人，說不定其實應該要有隨行的人，他卻總是隻身一人，攔一輛計程車，拉著哐啷作響的行李箱，用那嘹亮的聲音，大喊一句：「你好」。

第七章

岩田先生

這個人。

不懂的事一定要想辦法弄懂。

我原本就非常喜歡探究「為什麼」。

小時候我會鉅細靡遺地翻看百科全書。我覺得在裡面看到一連串不懂的內容很有趣。那是我給自己的獎賞。那些並排在一起的陌生內容逐漸融會貫通，吸收轉化為自己的知識非常地有意思。我現在也是這樣（笑）。

覺得有疑問的時候，必定會先以自己的想法設立假說，然後再逐一驗證想得到的所有方案，找到一個「從任何角度都能解釋得通的說法」時才會停止思考。那就是答案。

所以，當我碰到無法解釋的「為什麼」，總是無法控制自己不去探究。如果我的理論裡有哪些部分無法解釋，就代表這假說是錯的。既然如此，原因勢必另有其他，必須想想別的假說。於是乎再度開始思考。

因此當我不假思索地回答某個問題的時候，一定是我以前就曾經思考過那件事。

曾經思考過，也已經整理過的思緒，只要將它回答出來就行了；但冷不防被問到未整理的課題時，即使當下想到了假說，我也會不由自主地展開驗證。

我一直是個電腦工作者，所以我喜歡沒有矛盾的理論。當面對第一次被問到的問題時，我會想：「自己這樣回答，和以前做過的事情有沒有衝突？」

即便我有自信，如果沒試著從多個角度思考過，我也不敢名正言順地說出「我覺得這是正確的」。

而我心中的這套行事準則，具體上也幫助我增長了自己的能耐。

不明白的事我一定探究到底。起了興趣就想刨根問底。所以，假如有誰辦到了我辦不到的事，一旦有「為什麼一樣是人，自己卻辦不到？」的念頭，起了興致，我就會開始研究自己如何才能辦到，然後付諸行動。

話雖如此，倒也不是咬緊牙關去做什麼天大的努力，而是一次努力一些，一旦發現自己對那件事「啊，好像有點懂了，真有趣」，感受到類似於自身變化的徵兆時，就能作為對自己的獎賞，產生持續下去的動力。儘管每一項都是瑣碎的細節，不過融會貫通之後就能把索然無味的努力過程變得趣味橫生，並透過這樣的連鎖效應，學會以前不會的事情。

◆岩田先生語錄。其六

——名片上，我的頭銜是社長。
在我腦中，我是遊戲開發者。
可在我心裡，我是一名遊戲玩家。

On my business card, I am a corporate president.
In my mind, I am a game developer.
But in my heart, I am a gamer.

我肯定想成為當事人。

在任何事情上我都想成為當事人，而不是旁觀者。

總是想幫誰的忙、想讓誰高興、想讓客人開心，但願我是那個會帶來什麼的當事人。

「只要我出馬就能對情勢有利，能助對方一臂之力，不過還是別自找苦吃好了。」

像這樣明明有成為當事人的機會，卻置身事外，

與其說我不喜歡，不如說那不是我的處世態度。

總覺得我這樣的處世態度雖然也曾讓我吃盡苦頭，卻也造就了許多有趣的事。

「我不想後悔，只要是能力範圍所及，我一定全力以赴。」

「和別人共事時，一定要讓別人下次還想再和我共事。」

我從很早以前就以此為行事準則。

我自認一直是這樣要求自己的。

因為我不想聽到人家說「下次絕不想再碰到那傢伙」這種話。

現實當中，不經一番寒徹骨，是做不出東西來的。

然而現場的製作人員並沒有那種犧牲自我、壯烈成仁的心態。

我想這就是我們做出來的商品，能讓大家開開心心同樂的原因。

儘管我相當樂見人們玩電視遊戲，
但並非希望電視遊戲以外的娛樂式微。
我希望大家玩電視遊戲，
更希望大家從小就能體驗電視遊戲以外的娛樂方式。
因為我自己就是在兒時體驗過各種娛樂，
也為此感到非常慶幸。

推出新產品時，

我總是非常緊張，擔心社會大眾的接受程度。

無論什麼時候，出的是什麼作品，無一例外。

次次如履薄冰。

所以我才亟欲把每件事做到盡善盡美。

在我所有的經歷裡，
我從不覺得有哪一件事情是白費的。

岩田聰

1959年12月6日出生於北海道。
畢業於東京工業大學工學部情報工學科。
大學畢業後旋即進入HAL研究所任職。
1993年就任HAL研究所董事代表。
2000年就任任天堂公司董事、經營企劃室長。
2002年就任任天堂董事代表、社長。
以遊戲開發者的身分締造過多款傑作，
並主導開發任天堂DS、Wii等革命性創新遊戲硬體，
畢生致力於貫徹自身「擴大遊戲人口」的理念。

・主要參與製作遊戲

《彈珠檯》
《高爾夫》
《F1賽車》
《氣球大戰》
《FC大獎賽2：3D Hot Rally》
《星之卡比 夢之泉物語》
《地心冒險2 基格的逆襲》
《任天堂明星大亂鬥》
《寶可夢隨樂拍》
《任天堂明星大亂鬥DX》
《大人的DS腦力訓練》

這張照片由岩田先生的夫人特地出借給本書刊載。

關於本書內容出處

本書所收錄的岩田聰先生的話，
均節錄自《HOBO NIKKAN ITOI SHINBUN（ほぼ日刊イトイ新聞）》的各項單元，
以及任天堂官網所刊載的「社長提問」系列文章。
所有內容均收錄於下方連結網頁之中。

HOBO NIKKAN ITOI SHINBUN
「岩田聰先生總集」
https://www.1101.com/iwata20150711/index.html

任天堂
「社長提問 各篇連結」
https://www.nintendo.co.jp/corporate/links/index.html

國家圖書館出版品預行編目(CIP)資料

岩田聰如是說：從天才程式設計師到遊戲公司社長，任天堂中興之主傳奇的一生。／Hobo Nikkan Itoi Shinbun 編著；曾瀞玉、高詹燦譯. -- 初版. -- 臺北市：臺灣東販股份有限公司, 2021.05
210面；14.7×21公分
譯自：岩田さん：岩田聡はこんなことを話していた。
ISBN 978-986-511-926-3（平裝）

1.岩田聰 2.傳記 3.日本

783.18　　110005307

岩田聰如是說

從天才程式設計師到遊戲公司社長，任天堂中興之主傳奇的一生。

2021年5月 1 日初版第一刷發行
2024年7月15日初版第四刷發行

編　　著　Hobo Nikkan Itoi Shinbun
譯　　者　曾瀞玉、高詹燦
編　　輯　魏紫庭
封面設計　水青子
發 行 人　若森稔雄
發 行 所　台灣東販股份有限公司
＜地址＞台北市南京東路4段130號2F-1
＜電話＞(02)2577-8878
＜傳真＞(02)2577-8896
＜網址＞https://www.tohan.com.tw
郵撥帳號　1405049-4
法律顧問　蕭雄淋律師
總 經 銷　聯合發行股份有限公司
＜電話＞(02)2917-8022